Instructions

FRANÇAIS

Bonjour !

Merci d'avoir acheté le cahier de jeux et d'activités de YOUR ONLINE FRENCH TEACHER intitulé « 100 French vocabulary games in context».

Pour qui est le livre ?
Ce livre est destiné aux personnes qui souhaitent revoir le vocabulaire de base du français niveau débutant – DELF A1.

Comment utiliser ce livre ?
Vous pouvez utiliser ce livre soit dans l'ordre des pages, soit en choisissant une partie ou un chapitre qui vous intéresse. Vous trouverez la correction des exercices à la fin de livre. Les exercices de rédaction libre ne sont pas corrigés.

Bonne lecture, bon travail et amusez-vous en français !

Elodie – YOUR ONLINE FRENCH TEACHER

ENGLISH

Hello!

Thank you for buying this activity book from YOUR ONLINE FRENCH TEACHER entitled "100 French vocabulary games in context ".

Who is the book for?
This book is for people who want to review basic French vocabulary at the beginner level – DELF A1.

How to use this book?
You can use this book either in page order or by choosing a part or chapter that interests you. You will find the correction of the exercises at the end of the book. Free writing exercises correction is not included.

Have a good reading, work well and have a good time in French!

Elodie - YOUR ONLINE FRENCH TEACHER

ISBN : - @Elodie VINCENT - Your online French teacher 2022

Sommaire

1 6 4 8 3
2 5 7 9 0

IMMIGRATION
ARRIVAL
28 - 06 - 2017
FRANCE NICE
ABCD
0123

15

14
JUILLET

bonjour

Hi!
嗨
Hola!

à bientôt

Lis et observe les chiffres et les nombres.

0. ZÉRO
1. UN
2. DEUX
3. TROIS
4. QUATRE
5. CINQ
6. SIX
7. SEPT
8. HUIT
9. NEUF
10. DIX
11. ONZE
12. DOUZE
13. TREIZE
14. QUATORZE
15. QUINZE
16. SEIZE
17. DIX-SEPT
18. DIX-HUIT
19. DIX-NEUF
20. VINGT
21. VINGT-ET-UN
22. VINGT-DEUX
23. VINGT-TROIS
24. VINGT-QUATRE
25. VINGT-CINQ
26. VINGT-SIX
27. VINGT-SEPT
28. VINGT-HUIT
29. VINGT-NEUF
30. TRENTE
31. TRENTE-ET-UN
32. TRENTE-DEUX
33. TRENTE-TROIS
34. TRENTE-QUATRE
35. TRENTE-CINQ
36. TRENTE-SIX
37. TRENTE-SEPT
38. TRENTE-HUIT
39. TRENTE-NEUF
40. QUARANTE
41. QUARANTE-ET-UN
42. QUARANTE-DEUX
43. QUARANTE-TROIS
44. QUARANTE-QUATRE
45. QUARANTE-CINQ
46. QUARANTE-SIX
47. QUARANTE-SEPT
48. QUARANTE-HUIT
49. QUARANTE-NEUF
50. CINQUANTE
51. CINQUANTE-ET-UN
52. CINQUANTE-DEUX
53. CINQUANTE-TROIS
54. CINQUANTE-QUATRE
55. CINQUANTE-CINQ
56. CINQUANTE-SIX
57. CINQUANTE-SEPT
58. CINQUANTE-HUIT
59. CINQUANTE-NEUF
60. SOIXANTE
61. SOIXANTE-ET-UN
62. SOIXANTE-DEUX
63. SOIXANTE-TROIS
64. SOIXANTE-QUATRE
65. SOIXANTE-CINQ
66. SOIXANTE-SIX
67. SOIXANTE-SEPT
68. SOIXANTE-HUIT
69. SOIXANTE-NEUF
70. SOIXANTE-DIX
71. SOIXANTE-ET-ONZE
72. SOIXANTE-DOUZE
73. SOIXANTE-TREIZE
74. SOIXANTE-QUATORZE
75. SOIXANTE-QUINZE
76. SOIXANTE-SEIZE
77. SOIXANTE-DIX-SEPT
78. SOIXANTE-DIX-HUIT
79. SOIXANTE-DIX-NEUF
80. QUATRE-VINGTS
81. QUATRE-VINGT-UN
82. QUATRE-VINGT-DEUX
83. QUATRE-VINGT-TROIS
84. QUATRE-VINGT-QUATRE
85. QUATRE-VINGT-CINQ
86. QUATRE-VINGT-SIX
87. QUATRE-VINGT-SEPT
88. QUATRE-VINGT-HUIT
89. QUATRE-VINGT-NEUF
90. QUATRE-VINGT-DIX
91. QUATRE-VINGT-ONZE
92. QUATRE-VINGT-DOUZE
93. QUATRE-VINGT-TREIZE
94. QUATRE-VINGT-QUATORZE
95. QUATRE-VINGT-QUINZE
96. QUATRE-VINGT-SEIZE
97. QUATRE-VINGT-DIX-SEPT
98. QUATRE-VINGT-DIX-HUIT
99. QUATRE-VINGT-DIX-NEUF
100. CENT

Activité 1 – Complète les séries logiques.

DIX	QUINZE			TRENTE
DEUX	QUATRE			DIX
QUARANTE			SOIXANTE-DIX	
UN				NEUF

Activité 2 – Ecris les additions et les résultats en toutes lettres.

Les additions
Exemple : 15 + 12 = ? > Quinze plus douze égale vingt-sept

10 + 7 = ? ____

5 + 15 = ? ____

20 + 8 = ? ____

32 + 10 = ? ____

51 + 9 = ? ____

Activité 3 – Ecris les soustractions et les résultats en toutes lettres.

Les soustractions
Exemple : 15 - 5 = ? > Quinze moins cinq égale dix

12 - 8 = ? ____

38 - 6 = ? ____

45 - 13 = ? ____

57 - 24 = ? ____

86 - 12 = ? ____

Activité 4 – Ecris les multiplications et les résultats en toutes lettres.

Les multiplications

Exemple : 2 x 2 = ? > Deux fois deux égale quatre

3 x 1 = ? ______________________________

6 x 3 = ? ______________________________

5 x 10 = ? ______________________________

8 x 7 = ? ______________________________

6 x 8 = ? ______________________________

Activité 5 – Ecris les divisions et les résultats en toutes lettres.

Les divisions

Exemple : 2 / 2 = ? > Deux divisé par deux égale un

8 / 4 = ? ______________________________

6 / 2 = ? ______________________________

15 / 3 = ? ______________________________

66 / 4 = ? ______________________________

88 / 2 = ? ______________________________

Activité 6 – Trouve la solution de l'équation et écris la réponse en toutes lettres.

Les équations

Exemple : 9 x X = 91 > Si neuf multiplié par X est égal à quatre-vingt-onze, X est égal à neuf

17 + X = 34 ______________________________

____

38 - X = 24 ______________________________

____

5 x X = 45 ______________________________

____

12 / X = 2 ______________________________

____

Activité 7 – Trouve l'intrus dans chaque nuage de mots.

Un Trois
Cinq
Six Sept
Neuf

Dix Vingt
Quarante
Soixante
Quatre-vingts

Six Douze
Vingt-quatre
Trente
Quarante-huit

Vingt-trois
Cinquante-trois
Quatre-vingt-trois
Quatre-vingt-treize

Activité 8 – Trouve les chiffres et les nombres dans les mots mêlés.

UN
DEUX
TROIS
QUATRE
CINQ
SIX
SEPT

HUIT
NEUF
DIX
ONZE
DOUZE
TREIZE
QUATORZE

QUINZE
SEIZE
VINGT
TRENTE
QUARANTE
CINQUANTE
SOIXANTE

M	H	S	S	C	G	T	Y	D	N	R	F	M	Q	E	C	A	D	E	D
Z	N	E	O	K	I	N	R	T	P	A	R	U	U	T	I	R	T	B	Q
Q	P	C	A	I	K	N	H	E	O	V	I	N	E	N	O	N	K	U	X
T	J	S	A	C	X	H	Q	C	I	N	M	V	C	E	A	M	I	U	V
W	I	J	B	B	I	A	U	F	Z	Z	H	S	D	R	V	P	I	D	N
T	D	J	I	F	P	C	N	E	Z	R	E	M	A	T	F	P	U	B	S
H	G	G	A	T	I	U	H	T	X	Q	J	U	O	F	O	T	W	M	W
D	K	N	Z	H	S	U	I	K	E	U	Q	J	X	Y	G	L	M	S	P
F	W	U	I	D	O	U	Z	E	G	A	V	X	S	P	J	H	X	V	D
L	U	L	L	V	X	F	D	D	Y	T	I	I	B	Y	M	P	U	K	W
X	Q	E	E	C	P	Y	O	E	Q	O	O	S	T	C	V	H	E	Y	P
Z	C	I	N	Q	U	A	N	T	E	R	L	S	G	J	V	G	D	Y	E
X	Q	Q	S	J	O	S	Y	J	T	Z	M	O	T	E	W	U	T	Z	Q
E	P	D	V	C	R	U	I	O	J	E	Q	X	R	I	S	Z	D	C	S
C	S	X	B	T	A	T	M	L	E	S	K	I	G	P	G	C	G	R	M
L	I	U	D	N	V	Q	M	Z	F	O	S	D	N	U	C	G	Q	W	K
D	V	V	Z	R	U	V	N	L	M	V	I	E	Q	U	A	T	R	E	S
T	U	D	G	W	D	O	K	X	R	Z	X	S	W	U	A	G	X	S	E
E	Z	I	E	S	X	R	C	R	P	S	S	N	N	N	G	D	U	P	I
M	P	T	S	X	Z	Q	Q	Y	Z	N	X	Q	B	U	V	L	V	M	D

Activité 9 – Trouve les nombres dans les mots croisés.

HORIZONTAL

3. 18
6. 59
7. 80
9. 61
11. 50
13. 13
14. 66

VERTICAL

1. 70
2. 24
4. 52
5. 48
8. 20
10. 33
12. 15

Activité 10 – Réécris les chiffres et les nombres et trouve la phrase mystère.

XUDE	□□□□
TEURAQ	□□□□□□
TESP	□□□□ (3)
NUEF	□□□□ (5)
ZEUDO	□□□□□ (4)
ZUINEQ	□□□□□□ (2)
GITNV-EXDU	□□□□□ - □□□□ (8)
TERTEN-TE-NU	□□□□□□ - □□ - □□ (6)
NAUQARTE-XSI	□□□□□□□□ - □□□ (7)
NUNQAETIC-TOISR	□□□□□□□□□ - □□□□□ (9, 11)
SITNEAXO-UFNE	□□□□□□□□ - □□□□ (1)
TAINOXSE-ZUDOE	□□□□□□□□ - □□□□□ (10)
RAEUQT-TIVNG-QINC	□□□□□□ - □□□□□ - □□□□
TARQUE-TNVIG-DXI-TIUH	□□□□□□ - □□□□□ - □□□ - □□□□

J ' □(1) □(2) M □(3)   L □(4)   □(5) □(6) □(7) □(8) Ç □(9) □(10) □(11)

LISTE DE VOCABULAIRE À RETENIR

FRANÇAIS	ENGLISH	CASTELLANO
Une addition	An addition	Una adición
Une soustraction	A subtraction	Una resta
Une multiplication	A multiplication	Una multiplicación
Une division	A division	Una división
Une équation	An equation	Una ecuación
Être égal à	Be equal to	Ser igual a

L'HEURE

DIRE L'HEURE OFFICIELLE / NON OFFICIELLE

Lis et observe.

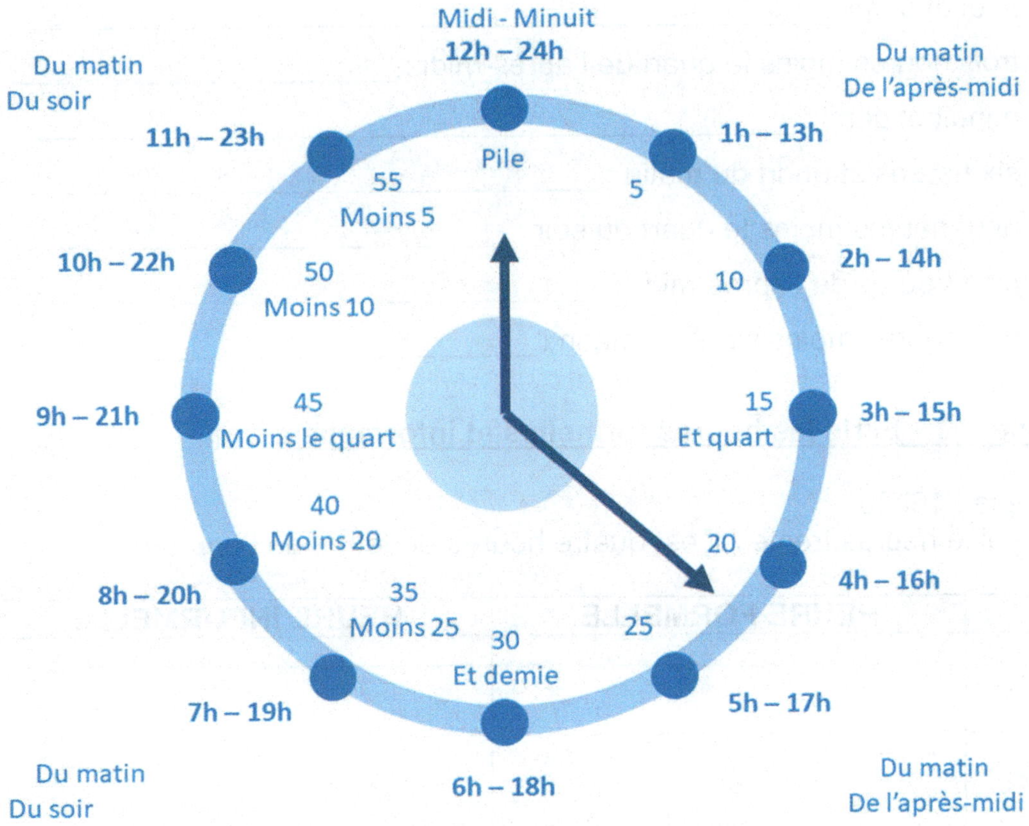

Lis le tableau.

HEURE FORMELLE	HEURE INFORMELLE
1h - Il est une heure. 13h – Il est treize heures. 13h15 – Il est treize heures quinze. 14h30 – Il est quatorze heures trente. 15h45 – Il est quinze heures quarante-cinq	1h - Il est une heure du matin. 13h – Il est une heure de l'après-midi. 13h15 – Il est une heure et quart de l'après-midi. 14h30 – Il est deux heures et demie de l'après-midi. 15h45 – Il est quatre heures moins le quart de l'après-midi.

Activité 11 – Ecris les heures.

Exemples :
Il est deux heures dix du matin : 2h10
Il est deux heures dix de l'après-midi : 14h10

Il est treize heures quarante : ______________________________

Il est vingt-deux heures trente-cinq : ______________________________

Il est onze heures vingt-trois : ______________________________

Il est midi et demi : ______________________________

Il est trois heures moins le quart de l'après-midi : ______________________________

Il est minuit et demi : ______________________________

Il est six heures et quart du matin : ______________________________

Il est neuf heures moins le quart du soir : ______________________________

Il est cinq heures de l'après-midi : ______________________________

Il est huit heures moins vingt du matin : ______________________________

Activité 12 – Ecris les heures formelles et informelles.

Exemple : 16h30
Il est seize heures trente / Il est quatre heures et demie de l'après-midi.

	HEURE FORMELLE	HEURE INFORMELLE
6h45		
7h40		
8h45		
12h		
13h30		
16h35		
20h30		
24h		

Activité 13 – Il est quelle heure ? Associe les horloges et les heures !

Il est une heure quinze.
Il est treize quinze.
Il est une heure et quart du matin / de l'après-midi.

Il est six heures cinquante-cinq.
Il est dix-huit heures cinquante-cinq.
Il est sept heures moins cinq du matin / du soir.

Il est onze heures quarante.
Il est vingt-trois heures quarante.
Il est midi moins vingt.

Il est cinq heures cinq.
Il est dix-sept heures cinq.
Il est cinq heures cinq du matin / de l'après-midi.

Il est deux heures trente.
Il est quatorze heures trente.
Il est deux heures et demie du matin / de l'après-midi.

Il est huit heures dix.
Il est vingt heures dix.
Il est huit heures dix du matin / du soir.

Activité 14 - Ecris les phrases dans le bon ordre.

IL TES TREQAU ERHSEU UD TNIMA.

IL SET IIDM ET QRTUA.

LI ETS NVTIG HRSEUE TNTERE.

IL TES ETSP ESHUER SIMON EL UTRAQ.

LI STE IUIMTN QNUERTAA.

LI STE UEZOD ERUHE NATIECUNQ.

Activité 15 – Retrouve les lettres disparues.

_ E_ RE
_ I _ UT _
_ _ _ RT
DE _ _
M _ _ _ S

_ O _ _ ELLE
I _ _ O _ _ ELLE
M _ T _ N
A _ _ ÈS-M _ DI
S _ _ R

M _ N _ _ T
M _ D _
V _ _ _ T
T _ _ _ TE
Q _ I _ _ E

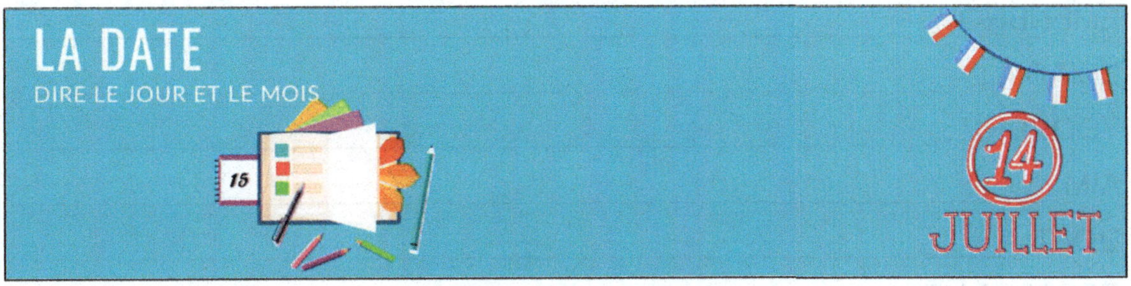

Lis les jours de la semaine et les mois de l'année.

La semaine a sept jours.

Lundi
Mardi
Mercredi
Jeudi
Vendredi
Samedi
Dimanche

L'année a douze mois.

1 - Janvier
2 - Février
3 - Mars
4 - Avril
5 - Mai
6 - Juin
7 - Juillet
8 - Août
9 - Septembre
10 - Octobre
11 - Novembre
12 - Décembre

Activité 16 - Ecris les dates en toutes lettres.

Exemple : mardi 25 / 12 : le mardi 25 décembre

1 – Lundi 19 / 01 : ____________________

2 – Mercredi : 23 /3 : ____________________

3 – Jeudi 12 / 04 : ____________________

4 – Vendredi 21/06 : ____________________

5 – Dimanche 18 /9 : ____________________

Activité 17 - Réécris les jours et les mois.

VRILA : ____________________

MRDECBEE : ____________________

UNLID : ____________________

JINU : ____________________

IDRAM : ____________________

RREVEIF : ____________________

EMENBROV : ______________________________

ESIADM : ______________________________

TOOCBRE : ______________________________

AIM : ______________________________

UOAT : ______________________________

EESPREBMT : ______________________________

ERIRDECM : ______________________________

AMSR : ______________________________

IEUJD : ______________________________

ILLUTJE : ______________________________

DRENDVIE : ______________________________

HEDCAIMN : ______________________________

IERVANJ : ______________________________

Activité 18 – Retrouve les lettres disparues.

LU_ D_	J_ _ V_ _ R	JU_ LL_ T
_ _ RD_	F_ VR_ _ R	_ _ UT
_ _ RCR_ D_	_ _ RS	S_ PT_ _ BR_
J_ UD_	_ VR_ L	_ CT_ BR_
V_ _ DR_ D_	_ _ _	_ _ V_ _ BR_
S_ _ _ D_	JU_ _	D_ C_ _ BR_
D_ _ _ _ CH_		

Activité 19 – Trouve les jours et les mois dans les mots mêlés.

LUNDI
MARDI
MERCREDI
JEUDI
VENDREDI
SAMEDI
DIMANCHE

JANVIER
FEVRIER
MARS
AVRIL
MAI
JUIN
JUILLET

AOUT
SEPTEMBRE
OCTOBRE
NOVEMBRE
DECEMBRE

M	C	V	U	E	W	M	T	T	T	O	E	K	J	H	D	R	E	U	O
D	A	U	W	H	M	R	I	U	A	U	M	N	I	U	J	W	G	H	B
E	Q	R	F	C	S	A	A	O	W	R	A	F	A	D	V	J	Q	E	B
C	K	Z	S	N	K	Q	R	A	G	H	S	D	C	M	E	N	O	Z	I
E	Q	M	P	A	Y	I	G	D	T	B	E	K	P	U	B	N	N	N	C
M	P	E	A	M	F	E	V	R	I	E	R	I	D	G	K	I	P	Z	H
B	X	L	Y	I	G	K	R	Y	N	M	L	I	D	E	R	D	N	E	V
R	C	D	N	D	U	E	M	D	C	O	A	L	R	B	E	S	R	S	G
E	Z	X	V	U	I	A	E	G	O	L	V	X	I	A	X	B	N	R	O
O	Y	U	N	V	I	S	R	H	C	O	Z	E	I	U	M	A	K	A	V
I	X	F	N	Z	B	O	C	T	O	B	R	E	M	E	J	L	G	I	C
Q	D	A	C	B	Z	N	R	S	Q	G	H	I	T	B	Y	V	C	X	S
T	J	E	S	G	D	U	E	O	R	N	H	P	H	O	R	S	D	C	J
B	I	Y	M	L	U	N	D	I	Q	L	E	U	Q	M	C	E	E	C	O
S	A	Z	F	A	B	D	I	S	C	S	Y	H	L	E	T	M	J	K	F
P	V	R	G	L	S	H	B	Z	G	T	E	P	O	R	K	C	C	E	V
N	R	J	K	C	C	I	V	D	V	P	I	I	V	M	X	V	I	V	T
P	I	D	U	L	Q	O	K	P	H	P	B	Z	K	V	D	O	Y	F	Q
M	L	B	R	O	V	E	P	P	J	A	A	O	Z	R	D	Y	X	R	T
O	F	Z	J	T	V	Z	W	V	P	K	L	C	C	S	O	X	Z	M	F

LISTE DE VOCABULAIRE À RETENIR

FRANÇAIS	ENGLISH	CASTELLANO
Une heure	One hour	Una hora
Et quart	And a quarter	Y cuarto
Et demie	And a half	Y media
Moins le quart	Quarter to	Menos cuarto
Midi	Midday	Mediodía
Minuit	Midnight	Medianoche
Un jour	One day	Un día
Une semaine	One week	Una semana
Un mois	A month	Un mes
Une année	One year	Un año
Lundi	Monday	Lunes
Mardi	Tuesday	Martes
Mercredi	Wednesday	Miércoles
Jeudi	Thursday	Jueves
Vendredi	Friday	Viernes
Samedi	Saturday	Sábado
Dimanche	Sunday	Domingo
Janvier	January	Enero
Février	February	Febrero
Mars	March	Marzo
Avril	April	Abril
Mai	May	Mayo
Juin	June	Junio
Juillet	July	Julio
Août	August	Agosto
Septembre	September	Septiembre
Octobre	October	Octubre
Novembre	November	Noviembre
Décembre	December	Diciembre

Lis et observe le vocabulaire des saisons.

Il y a quatre saisons.

- **Au printemps**, les arbres sont en fleurs.
- **En été**, les fruits apparaissent sur les arbres.
- **En automne**, les arbres perdent leurs feuilles.
- **En hiver**, les arbres n'ont plus de feuilles.

<u>**Lis et observe le vocabulaire de la météo.**</u>

Aujourd'hui,…

Il y a du soleil.
Il fait beau.
C'est ensoleillé.

Il y a des nuages.
C'est nuageux.

Il fait froid.

Il y a de la pluie.
Il pleut.

Il y a de l'orage.
C'est orageux

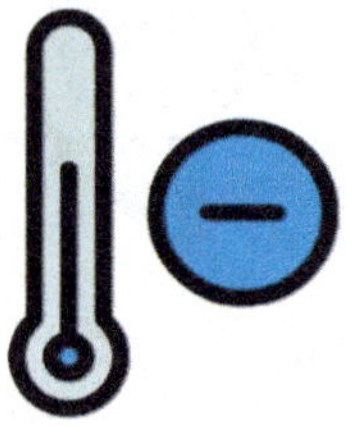

Il gèle.

Il y a de la neige.
Il neige.

Il y a du brouillard.

Il fait chaud.

Il y a de la grêle.
Il grêle.

Il y a une tempête.

Il y a du vent.

Activité 20 - Trouve les mots mêlés suivants.

SAISON
PRINTEMPS
ETE
AUTOMNE
HIVER
METEO
SOLEIL
BEAU
ENSOLEILLE
NUAGE
NUAGEUX
PLUIE
ORAGE
ORAGEUX
BROUILLARD
NEIGE
GRELE
NEIGER
GRELER
PLEUVOIR

O	E	T	E	M	D	L	A	L	K	U	R	N	M	Z	E	E	J	X	X
M	M	I	T	L	H	N	U	I	I	H	N	A	B	L	O	M	X	T	Z
V	F	F	G	F	D	E	T	D	R	E	T	U	L	F	T	X	B	O	R
X	W	C	K	W	I	R	O	U	R	D	L	I	A	E	S	B	J	E	L
C	B	L	C	S	N	K	M	A	N	A	E	O	H	G	K	M	I	G	Y
X	E	M	G	O	F	C	N	E	M	L	L	I	S	M	E	G	S	I	P
P	S	T	S	P	B	E	E	B	O	Q	V	L	O	V	F	U	M	E	L
J	Q	I	E	L	J	U	J	S	I	E	R	A	I	P	T	J	X	N	E
X	A	U	S	U	I	K	N	V	R	F	C	U	N	U	A	G	E	L	U
S	J	F	D	I	N	E	X	U	E	G	A	R	O	P	O	K	E	B	V
N	T	D	H	E	G	W	V	L	Q	W	J	W	N	Y	W	R	G	B	O
X	I	C	H	T	Y	W	Z	Q	F	R	Q	U	B	Q	G	U	B	Z	I
Y	C	M	N	X	J	E	Q	M	Y	J	O	K	U	G	K	Q	M	K	R
S	K	F	E	K	H	P	F	B	K	C	Z	H	N	V	R	P	B	K	D
X	J	V	E	G	L	O	A	T	H	A	R	M	N	D	E	E	U	D	U
M	S	H	S	M	R	T	B	D	B	K	N	Z	H	J	D	X	L	A	Y
T	F	A	P	A	B	L	F	L	P	R	I	N	T	E	M	P	S	E	I
K	D	M	G	N	Z	W	G	X	P	O	S	V	R	B	N	L	D	P	R
Y	O	E	I	H	Q	D	M	A	V	D	O	S	P	G	K	W	B	I	K
D	Y	E	O	H	A	Z	L	E	B	R	A	E	N	E	I	G	E	R	Z

Activité 21 - Ecris les mots dans le bon ordre et trouve la phrase mystère.

SINAOS	1
MSPETPIRN	31 5
EET	26
NUAMETO	9 22
VIEHR	30 10 34 35
EMETO	12 14
LOLSEI	8 21
BAEU	16 33
LISNOELLEE	25 18 32 13
NUGAE	17
GEUANXU	19
PIULE	2
RAOEG	4
GEOXUAR	11
RUALORDLIB	7
EGNIE	6 28
LEGRE	20
RIEGNE	29 15 27
RELGER	23
ROVLIEPU	3 24

J ' _ _ _ _ _ _ _ _ (1 2 3 4 5 6 7 8) _ _ _ C (9 10 11) _ _ _ _ _ _ (12 13 14 7 15 16) _ _ (7 17) y _ _ _ (18 19 20)

_ _ _ _ _ _ (21 22 23 24 25 26) F _ _ _ C _ (27 28 29 30) _ _ _ C _ _ _ (31 32 33 30 34 35)

Activité 22 - Complète les mots croisés suivants.

HORIZONTAL

1. Le huitième mois de l'année
5. Le deuxième mois de l'année
7. Le sixième mois de l'année
8. Le neuvième mois de l'année
9. Le premier mois de l'année
11. Le troisième mois de l'année

VERTICAL

2. Le dixième mois de l'année
3. Le douzième mois de l'année
4. Le septième mois de l'année
6. Le onzième mois de l'année
10. Le quatrième mois de l'année
11. Le cinquième mois de l'année

Activité 23 – Retrouve les lettres disparues.

P _ _ _ T _ MPS	_ _ SOL _ _ LLÉ	B _ OU _ LL _ _ D
_ TÉ	_ U _ G _	_ _ _ _ G _
_ UTOM _ _	_ U _ G _ UX	G _ _ L _
H _ V _ _	PLU _ _	_ _ _ _ G _ _
SOL _ _ L	O _ _ G _	G _ _ L _ _
B _ _ U	O _ _ G _ UX	PL _ UVO _ _

Activité 24 – Remettre les phrases dans l'ordre.

Exemple :

F A I	I L	T B	E A U	.

Réponse : IL FAIT BEAU.

L E I	D U	S O	I L	Y A	L .

I L	.	P L	D E	U I E	L A	Y A

.	U N	O R	I L	A G E	Y A

Y A	I L	I G E	L A	N E	.	D E

	I L	U A G	S N	E S .	Y A	D E

.	Ê L E	Y A	I L	D E	L A	G R

LISTE DE VOCABULAIRE À RETENIR

FRANÇAIS	ENGLISH	CASTELLANO
Une saison	A season	Una temporada
Un printemps	A spring	Un resorte
Un été	A summer	Un verano
Un automne	An autumn	Un otoño
Un hiver	A winter	Un invierno
Une météo	A weather	Un tiempo
Un soleil	A sun	Un sol
Beau	Beautiful	Hermoso
Ensoleillé	Sunny	Soleado
Un nuage	A cloud	Una nube
Nuageux	Cloudy	Nublado
Une pluie	A rain	Una lluvia
Un orage	A storm	Una tormenta
Orageux	Stormy	Tormentoso
Un brouillard	A fog	Una niebla
Une neige	A snow	Una nieve
Une grêle	A hail	Un granizado
Neiger	To snow	Nevar
Grêler	To hail	Granizar
Pleuvoir	To rain	Llover
Il fait beau,	The weather is fine.	Hace buen tiempo.
Il ne fait pas beau.	The weather is not good.	No hace buen tiempo.
Il y a du soleil.	It is sunny.	Hay sol.
Il pleut.	It is raining.	Llueve.
Il y a de la pluie.	It is raining.	Hay lluvia.
Il y a de la neige.	It is snowing.	Hay nieve.
Il neige.	It is snowing.	Nieve.
Il y a des nuages.	There are clouds.	Hay nubes.
C'est nuageux.	It is cloudy.	Está nublado.
Il y a de la grêle.	There is hail.	Hay granizo.
Il grêle.	It is hailing.	Está granizando.
Il y a un orage.	There is a storm.	Hay una tormenta.
C'est orageux.	It is stormy.	Hay tormenta.

<u>Lis et observe le vocabulaire de la présentation.</u>

FORMULAIRE D'INSCRIPTION

Nom : VINCENT
Prénom : Elodie

Date de naissance : 28 décembre 1984
Age : 35 ans

Téléphone - fixe : xxxxx
- portable : 00 33 (0)6 68 09 33 59
Email : info@youronlinefrenchteacher.com
Site Internet : www.youronlinefrenchteacher.com
Adresse : 51 chemin des contamines
Code postal - Ville : 87480 SAINT PRIEST TAURION
Réseaux sociaux : @youronlinefrenchteacher

<u>Lis l'email d'Elodie – Your online French teacher.</u>

De : Elodie – info@youronlinefrenchteacher.com
À : Mon élève – élève@gmail.com

Bonjour !

Je m'appelle Elodie. Je suis française, j'ai 37 ans. J'habite en France.
Je suis professeure de français langue étrangère (FLE) en ligne et je suis ingénieure pédagogique spécialisée en didactique des langues.

Mon site Internet s'appelle www.youronlinefrenchteacher.com et sur les réseaux sociaux je suis @youronlinefrenchteacher.

J'aime écrire des ebooks et donner des cours de français.

A bientôt !

Elodie

Activité 25 – Associe les informations.

NOM	•	•	37 ANS
PRENOM	•	•	00 33 (0)6 68 09 33 59
DATE DE NAISSANCE	•	•	VINCENT
AGE	•	•	28 décembre 1984
TELEPHONE FIXE	•	•	ELODIE
TÉLÉPHONE PORTABLE	•	•	87480
EMAIL	•	•	51 chemin des contamines
SITE INTERNET	•	•	xxxxx
ADRESSE	•	•	info@youronlinefrenchteacher.com
CODE POSTAL	•	•	www.youronlinefrenchteacher,com

Activité 26 – Complète ton formulaire d'inscription.

FORMULAIRE D'INSCRIPTION

Nom : ____________________ **Date de naissance :** ____________________
Prénom : ____________________ **Age :** ____________________

Téléphone - fixe : ____________________
- portable : ____________________
Email : ____________________
Site Internet : ____________________
Adresse : ____________________
Code postal : ____________________
Réseaux sociaux : ____________________

Activité 27 - Réécris les mots pour parler des informations personnelles.

FOMLUARRIE : ____________________

ONPINSICRIT : ____________________

MON : ____________________

ENPROM : ____________________

EATD DE SAECNNSIA : ____________________

AEG : ____________________

NMRUOE ED LTENEPHOE : ____________________

NELPEOEHT XIFE : ____________________

OENPHLEET OELPBRAT : ____________________

AMELI : ____________________

STEI NTERNITE : ____________________

SEDSEAR : ____________________

DOEC AOSTPL : ____________________

REUSAXE SOUIACX : ____________________

Activité 28 – Retrouve les lettres disparues.

S _ T _

D _ T _ D _ N _ _	_ _ _ _ _ L	T _ L _ _ HON _
SS _ NC _	_ ORT _ BL _	_ NT _ RN _ T
NU _ _ RO	FOR _ UL _ _ R _	_ DR _ SS _
_ G _	NO _	_ R _ NO _
F _ X _	_ NSCR _ _ T _ ON	COD _ _ OST _ L

Activité 29 – Trouve le vocabulaire des informations personnelles dans les mots mêlés.

FORMULAIRE	AGE	SITE
INSCRIPTION	NUMERO	INTERNET
NOM	TELEPHONE	ADRESSE
PRENOM	FIXE	CODE POSTAL
DATE DE	PORTABLE	RESEAUX
NAISSANCE	EMAIL	SOCIAUX

T	E	L	E	P	H	O	N	E	G	D	E	D	M	S	M	V	S	E	S
N	P	L	F	W	Q	S	D	T	T	R	G	R	U	R	K	P	U	S	O
F	F	M	P	J	S	O	L	W	I	E	A	M	E	H	Q	J	S	S	D
I	I	P	B	I	C	Y	E	A	Y	N	N	A	N	S	K	R	S	E	N
P	Z	X	S	O	D	B	L	F	H	Q	O	R	L	X	E	P	H	R	M
C	W	O	E	Q	O	U	S	T	W	P	A	M	E	O	P	A	D	D	C
J	L	Q	Y	F	M	K	O	T	J	T	B	D	F	T	G	O	U	A	P
M	X	H	J	R	I	N	S	C	R	I	P	T	I	O	N	Z	C	X	C
U	X	S	O	Y	S	D	O	K	K	A	Z	I	G	M	I	I	F	J	N
E	N	F	C	T	A	F	C	H	O	O	Y	H	R	L	W	S	I	Z	M
B	C	U	E	T	I	S	I	D	R	N	U	W	H	O	I	L	D	G	I
U	N	N	E	P	E	W	A	X	X	E	O	E	A	B	F	G	L	Q	P
Y	V	G	A	M	V	B	U	A	L	R	H	H	B	S	P	L	Z	T	R
C	X	T	A	S	V	L	X	V	E	I	V	C	X	Y	O	X	B	A	E
D	S	I	K	L	S	B	S	M	H	A	V	L	H	O	R	I	G	C	N
K	L	J	R	T	Z	I	U	X	T	X	Z	S	U	F	T	C	H	O	O
G	L	U	P	I	N	N	A	V	G	T	F	K	Q	J	A	X	P	C	M
F	J	R	V	M	W	X	F	N	Y	E	E	C	N	E	B	D	Y	N	Q
Z	L	Z	R	E	H	X	J	L	W	L	V	O	W	H	L	O	R	M	P
K	X	Y	P	O	S	T	A	L	E	G	U	I	S	N	E	T	A	M	Z

Activité 30 – Réécris le texte de présentation.

Ubnojor !

Ej m'llpapee Elodie.

Ej suis faincreas.

J'ai 37 sna.

J'tiebah ne nceFra.

Je sius peurofrsees de fisanarc.

A tibetnô !

LISTE DE VOCABULAIRE À RETENIR

FRANÇAIS	ENGLISH	CASTELLANO
Un formulaire	A form	Un formulario
Une inscription	A subscription	Una inscripción
Un nom	A name	Un apellido
Un prénom	A first name	Un nombre
Une date de naissance	A date of birth	Una fecha de nacimiento
Un âge	An age	Una edad
Un numéro de téléphone	A phone number	Un número de teléfono
Un téléphone fixe	A fixed line	Un teléfono fijo
Un téléphone portable	A mobile phone	Un teléfono móvil
Un email	An email	Un email
Un site Internet	A Website	Una página web
Une adresse	An address	Una dirección
Un code postal	A postal code	Un código postal
Des réseaux sociaux	Social networks	Unas redes sociales

Lis et observe le tableau suivant. **Attention** seulement la langue principale des pays est citée.

Pays	Nationalité masculin singulier	Nationalité féminin singulier	Langue
La France	Français	Française	le français
Le Royaume-Uni	Anglais	Anglaise	L'anglais
Le Japon	Japonais	Japonaise	Le japonais
Le Portugal	Portugais	Portugaise	Le portugais
Les Etats-Unis	Américain	Américaine	L'anglais
Le Mexique	Mexicain	Mexicaine	L'espagnol
Le Maroc	Marocain	Marocaine	L'arabe
L'Afrique du Sud	Sud-Africain	Sud-Africaine	L'Afrikaans
L'Italie	Italien	Italienne	L'italien
La Tunisie	Tunisien	Tunisienne	L'arabe
L'Algérie	Algérien	Algérienne	L'arabe
Le Brésil	Brésilien	Brésilienne	Le portugais
La Corée	Coréen	Coréenne	Le coréen
La Suède	Suédois	Suédoise	Le suédois
La Hongrie	Hongrois	Hongroise	Le hongrois
La Chine	Chinois	Chinoise	Le mandarin
La Finlande	Finnois	Finnoise	Le finnois
L'Espagne	Espagnol	Espagnole	L'espagnol
L'Allemagne	Allemand	Allemande	L'allemand
La Russie	Russe	Russe	Le russe
La Suisse	Suisse	Suisse	Le français
La Belgique	Belge	Belge	Le flamand
La Grèce	Grec	Grecque	Le grec

Lis les textes suivants.

Bonjour ! Je m'appelle Elodie. Je suis française. Je parle français, anglais, espagnol et un peu catalan.

Salut ! Je m'appelle Luis. Je suis espagnol. Je parle espagnol, anglais et un peu français.

Bonsoir ! Je m'appelle Fatima. Je suis marocaine. Je parle l'arabe, le berbère, le français et un peu l'espagnol.

Coucou ! Je m'appelle Túlio. Je suis brésilien. Je parle le portugais, l'italien, l'anglais et le français.

Bonjour ! Je m'appelle Nadja. Je suis russe. Je parle le russe, le chinois et le français.

Salut ! Je m'appelle Christopher. Je suis américain. Je parle l'anglais, l'espagnol et le français.

Activité 31 – Complète les messages suivants avec les mots de la liste.
Coucou – suis – espagnol – et – m'appelle – un peu – parle – marocaine – Christopher – le chinois

Bonjour ! Je ______________ Elodie.
Je ______________ française. Je
______________ français, anglais,
espagnol et un peu catalan.

Salut ! Je m'appelle Luis. Je suis
______________. Je parle espagnol,
anglais et un peu français.

Bonsoir ! Je m'appelle Fatima. Je suis
______________. Je parle l'arabe, le
berbère, le français et ______________
l'espagnol.

______________ ! Je m'appelle Túlio.
Je suis brésilien. Je parle le portugais,
l'italien, l'anglais et le français.

Bonjour ! Je m'appelle Nadja. Je suis
russe. Je parle le russe,
______________ et le français.

Salut ! Je m'appelle ______________.
Je suis américain. Je parle l'anglais,
l'espagnol ______________ le français.

Activité 32 – Retrouve les lettres disparues dans les adjectifs de nationalités. Attention, les nationalités sont au féminin.

F _ A _ ÇA _ SE	TU _ _ S _ E _ _ E	ES _ A _ _ OLE
A _ _ LA _ SE	AL _ E _ _ E _ _ E	A _ LE _ A _ DE
JA _ O _ A _ SE	B _ ES _ _ _ E _	_ U _ SE
PO _ TU _ A _ SE	CO _ EE _ _ E	SU _ S _ E
A _ E _ _ CA _ _ E	S _ E _ O _ SE	B _ L _ E
_ EX _ CA _ _ E	HO _ _ _ O _ SE	_ _ EC _ UE
_ A _ OCA _ _ E	CH _ _ O _ SE	
_ TAL _ E _ _ E	F _ _ _ O _ SE	

Activité 33 – Associe les pays et les nationalités.

La France	•	•	Russe
Le Royaume-Uni	•	•	Belge
Le Japon	•	•	Anglais
Les Etats-Unis	•	•	Suédois
Le Mexique	•	•	Finnois
Le Maroc	•	•	Coréen
L’Afrique du Sud	•	•	Japonais
L’Italie	•	•	Français
La Tunisie	•	•	Allemand
Le Brésil	•	•	Tunisien
La Corée	•	•	Mexicain
La Suède	•	•	Américain
La Chine	•	•	Sud-africain
La Finlande	•	•	Italien
L’Espagne	•	•	Chinois
L’Allemagne	•	•	Grec
La Russie	•	•	Brésilien
La Belgique	•	•	Marocain
La Grèce	•	•	Espagnol

Activité 34 – Réécris les langues.

NSRIAAFÇ : ____________________

SIALAGN : ____________________

AAPOJSIN : ____________________

PIOUGTASR : ____________________

BEBÈERR : ____________________

ILNEITA : ____________________

BEARA : ____________________

RECÉNO : ____________________

IUSDÉSO : ____________________

IHRSOONG : ____________________

HCIINSO : ____________________

NFIOSNI : ____________________

OEALPNGS : ____________________

EDLAMNAL : ____________________

RESUS : ____________________

NLAAFMD : ____________________

CGRE : ____________________

Activité 35 – Trouve le vocabulaire des langues et des nationalités dans les mots mêlés.

FRANCE
FRANCAIS
ANGLAIS
AMERICAIN
JAPONAIS
GRECQUE

GRECE
MEXIQUE
MEXICAIN
CHINE
CHINOIS
RUSSE

RUSSIE
ARABE
ALGERIE
BELGE
ALLEMAND

E	T	A	T	K	E	R	S	R	Z	D	E	H	E	Y	F	P	D	G	N
C	U	D	M	N	D	I	P	Y	D	D	D	G	U	K	F	P	R	K	I
N	O	Q	I	E	A	T	I	X	D	C	S	M	L	U	B	E	E	A	A
A	Z	H	I	C	R	O	A	N	G	L	A	I	S	E	C	D	R	T	C
R	C	L	N	X	L	I	P	U	Z	U	J	O	S	Q	B	A	H	N	I
F	R	A	V	K	E	U	C	V	K	J	A	A	U	B	B	T	O	L	X
M	R	U	P	B	G	M	W	A	V	K	P	E	S	E	V	Z	B	G	E
F	R	H	Y	Q	M	K	P	T	I	G	O	E	I	R	E	G	L	A	M
M	D	J	F	Y	M	U	V	Y	N	N	N	J	J	V	P	L	A	C	U
U	M	O	D	U	L	G	S	O	J	A	A	K	P	Q	C	R	O	R	D
D	C	C	Z	G	D	A	A	M	E	G	I	U	M	F	L	T	T	F	B
B	D	U	M	N	S	X	H	S	Y	A	S	E	C	E	R	G	V	G	I
L	E	H	H	Q	D	N	D	R	F	C	N	V	G	J	R	F	M	I	N
N	G	U	T	E	T	I	N	P	C	C	R	V	B	B	Z	U	T	M	R
B	H	E	H	M	D	Z	A	M	Y	T	U	K	F	V	E	J	S	Z	L
F	T	I	W	F	Y	T	M	F	V	M	S	C	T	G	M	W	N	S	U
A	R	R	I	J	M	T	E	W	T	H	S	O	V	L	U	Y	K	S	E
V	J	W	F	W	O	X	L	K	C	H	I	G	Q	F	F	L	Q	Z	B
C	H	I	N	O	I	S	L	I	C	T	E	F	B	S	M	Q	O	Q	W
Z	W	S	M	Z	B	P	A	O	I	X	B	M	W	A	V	W	B	R	I

Activité 36 – Remets le dialogue de présentation dans l'ordre.

a. Non, je suis mexicain. Et vous, quelle est votre nationalité ?
b. Moi, je parle français, anglais, espagnol et un peu catalan.
c. Bonjour, je m'appelle Elodie. Et vous ?
d. Vous êtes espagnol ?
e. Bonjour, je suis Luis. Enchanté.
f. Je suis française. Alors, vous parlez espagnol ?
g. Oui, je parle espagnol, français et anglais. Et vous ?

____

____

____

____

____

____

____

Activité 37 – Réécris le dialogue de présentation sur le modèle de l'activité 36.

Mary : Et – je – Mary. – Bonjour, – m'appelle – toi ?
Paola : suis – Enchantée – Paola. – suis – je – Salut, – es – Américaine ? – Tu
Mary : je – Non, – anglaise. – suis – toi. – Et – nationalité ? – ta – quelle – est
Paola : brésilienne. – suis – Je – anglais ? – parles – Tu
Mary : parle – Oui, – anglais – je – français. – et – toi ? – Et
Paola : portugais, – Je – et – français – parle – anglais.

____

____

____

____

____

____

____

Activité 38 – Réécris le message de présentation.

Robujno ! Ej m'leplpae Elodie. Ej uiss nfcasreai. Je epral asfncari, giaalns, lpasengo et nu uep aaltnac.

____

____

____

____

Activité 39 – Où se trouvent ces monuments du monde ?

La tour Eiffel est en ____________________ .

La porte de Brandebourg est en ____________________ .

La Sagrada Familia est en ____________________ .

Stonehenge est en ____________________ .

La tour de Pise est en ____________________ .

Le Parthénon est en ____________________ .

Activité 40 - Complète les mots croisés suivants.

HORIZONTAL

3. Pays de la tour Eiffel
5. Pays de la Grande Muraille et des pandas
6. Nationalité du Mexique au féminin
8. Nationalité des Etats-Unis au féminin
11. Langue de France
12. Pays de Big Ben
14. Langue de Corée

VERTICAL

1. Langue de la péninsule arabique
2. Nationalité de la France au féminin
4. Nationalité du Brésil au féminin
7. Langue du Japon
9. Pays de la statue de la Liberté
10. Pays de la tour de Pise
13. Pays de la Sagrada Familia

LISTE DE VOCABULAIRE À RETENIR

FRANÇAIS	ENGLISH	CASTELLANO
La France	France	Francia
Le Royaume-Uni	United Kingdom	Reino Unido
Le Japon	Japan	Japón
Le Portugal	Portugal	Portugal
Les Etats-Unis	USA	EE.UU.
Le Mexique	Mexico	México
Le Maroc	Morocco	Marruecos
L'Afrique du Sud	South Africa	África del Sur
L'Italie	Italy	Italia
La Tunisie	Tunisia	Túnez
L'Algérie	Algeria	Argelia
Le Brésil	Brazil	Brasil
La Corée	Korea	Corea
La Suède	Sweden	Suecia
La Hongrie	Hungary	Hungría
La Chine	China	China
La Finlande	Finland	Finlandia
L'Espagne	Spain	España
L'Allemagne	Germany	Alemania
La Russie	Russia	Rusia
La Suisse	Switzerland	suizo
La Belgique	Belgium	Bélgica
La Grèce	Greece	Grecia

Lis et observe l'infographie des sports.

- La natation – Nager
- Le basket – Jour au basket
- Le ski – Skier
- L'escrime – Faire de l'escrime
- L'escalade – Faire de l'escalade
- L'équitation – Faire de l'équitation
- Le golf – Jouer au golf
- Le cyclisme – Faire du vélo
- La musculation – Faire de la musculation
- La voile – Faire de la voile
- Le football – Jour au foot
- La course – Courir
- L'athlétisme – Faire de l'athlétisme
- Le tennis – Jour au tennis
- La boxe – Faire de la boxe

Lis et observe l'infographie des accessoires de sport.

- Un panier
- Un gant
- Un maillot
- Un maillot de bain
- Un terrain de basket / Un terrain de foot / Un court de tennis
- Une raquette
- Un ballon
- Une bombe
- Une chaussure
- Une botte
- Une balle
- Des lunettes de plongée
- Un casque
- Une piscine

Activité 41 - Observe les icônes de sport et relie-les à leur nom.

 •	• L'équitation Faire de l'équitation
 •	• La voile Faire de la voile
 •	• Le ski Skier – Faire du ski
 •	• Le basket Jouer au basket Faire du basket
 •	• Le cyclisme Faire du vélo
 •	• L'athlétisme Faire de l'athlétisme
 •	• La natation Nager – Faire de la natation
 •	• La musculation Faire de la musculation
 •	• Le football Jouer au foot Faire du foot
 •	• Le tennis Jouer au tennis Faire du tennis

Activité 42 – Lis le nom des accessoires et écris à quel sport ils correspondent.

Une raquette Une balle Un filet Un court de tennis	Un ballon Un but Un terrain de foot	Un ballon Un panier Un terrain de basket
Un maillot de bain Un bonnet de bain Une piscine	Un vélo Un casque	Une bombe Une paire de bottes Une cravache Une selle

Activité 43 – Complète l'agenda.

JOURS		ACTIVITÉS
LUNDI		**Exemples** : Le lundi, je joue au basket. Le lundi, je fais du basket .
MARDI		
MERCREDI		
JEUDI		
VENDREDI		
SAMEDI		
DIMANCHE		

Activité 44 – Retrouve les lettres disparues dans le vocabulaire du sport.

TE _ N _ S	V _ L _	T _ R _ AI _
F _ O _ B _ LL	_ A _ T	_ O _ RT
BA _ KE _	_ A _ UE _ TE	PA _ IE _
NA _ ATI _ N	BO _ T _	CA _ Q _ E
VO _ LE _	BA _ LO _	C _ AU _ SU _ E
_ QUI _ ATI _ N	B _ T	BO _ NE _
C _ CL _ SM _	M _ IL _ O _	_ O _ E
_ O _ F	_ AL _ E	LU _ E _ T _ S

Activité 45 – Réécris le vocabulaire du sport.

SIENTN : ______________________________

ANUTIOEQIT : ______________________________

FOGL : ______________________________

AITTANNO : ______________________________

XOBE : ______________________________

YESCILMC : ______________________________

LVIEO : ______________________________

SOUCER : ______________________________

GNTA : ______________________________

ETURTQEA : ______________________________

IATMLLO : ______________________________

RINRAET : ______________________________

OTBET : ______________________________

ASCEQU : ______________________________

TESTNELU : ______________________________

EPIRAN : ______________________________

Activité 46 – Remets le dialogue des activités sportives dans l'ordre.

a. Non ! Je n'aime pas porter de bottes…
b. Tu as peur des chevaux ?
c. Salut ! Tu joues au foot samedi ?
d. Oui, bien sûr…
e. De l'équitation ? Je préfère la natation. C'est plus complet.
f. Je fais du foot tous les samedis et le dimanche je fais de l'équitation.
g. Salut ! Non, le samedi je ne joue pas au foot, je joue au basket. Et toi ?

____

____

____

____

____

____

____

Activité 47 – Réécris le dialogue pour parler de ses activités sportives sur le modèle de l'activité 46.

Paul : joues – Tu - Salut ! – au – demain ? - tennis
Julien : demain – Non, – Salut ! - je – joue - ne – pas – tennis, – au – volley. – fais – du - toi ? – Et
Paul : foot – Je – au - joue – et – de – voile. – la – fais – je
Julien : voile ? – la – De
Paul : sur – lac. – Oui, – le
Julien : super, – j'aime - C'est – voile. – la
Paul : avec – moi ! – Viens

____

____

____

____

____

____

____

Activité 48 – Trouve le vocabulaire des sports dans les mots mêlés.

TENNIS
NATATION
EQUITATION
CYCLISME
BOXE
VOILE
GOLF
COURSE
VOLLEY
SKI
ESCRIME
ESCALADE
FOOTBALL
ATHLETISME
SKI
MUSCULATION

F	E	Z	U	C	F	B	N	W	F	Y	W	A	C	R	E	T	Z	H	L
C	L	N	A	T	A	T	I	O	N	E	E	O	Y	X	H	U	W	A	K
O	T	O	L	U	S	L	Z	R	K	S	S	H	C	Q	H	G	I	R	R
G	E	X	G	I	Z	B	N	V	S	R	C	H	L	Z	P	J	T	Q	V
N	Y	Q	N	C	O	M	I	Y	F	U	A	C	I	U	U	Z	U	L	C
O	J	N	U	X	G	N	W	I	W	O	L	X	S	D	O	H	Y	S	P
I	E	I	E	I	V	A	U	M	C	C	A	Q	M	H	X	X	I	S	F
T	E	A	K	R	T	E	L	C	N	L	D	L	E	F	E	D	L	O	C
A	G	S	P	S	O	A	V	T	R	V	E	G	S	Y	W	D	O	O	W
L	I	H	C	S	K	I	T	C	G	O	R	D	J	W	U	T	U	N	S
U	G	N	A	R	F	V	X	I	O	E	L	I	O	V	B	F	O	G	J
C	M	X	K	C	I	K	A	N	O	M	W	C	V	A	W	L	B	G	K
S	R	Y	C	B	U	M	F	K	L	N	O	P	L	N	Y	H	I	T	B
U	O	U	S	K	A	C	E	O	H	A	R	L	L	E	K	G	T	G	P
M	H	T	O	Y	X	V	D	D	W	X	W	C	L	G	J	P	X	J	W
E	M	S	I	T	E	L	H	T	A	T	P	L	Q	K	V	D	W	A	T
A	N	P	L	O	F	D	U	A	J	G	O	C	T	C	E	P	N	N	O
T	D	F	X	H	Z	Q	O	L	H	V	E	Z	C	G	N	O	N	J	M
N	E	L	V	C	H	N	K	O	Z	I	R	T	U	I	N	V	T	L	H
M	A	N	L	S	D	V	B	G	B	K	W	S	O	A	G	M	V	B	G

Activité 49 - Complète les mots croisés des sports.

HORIZONTAL
2. Pour me protéger à vélo, je porte un...
4. Pour nager, je porte un
7. Accessoire de tennis
9. Pour la boxe, on utilise des...
10. Pour faire du cyclisme

VERTICAL
1. Pour jouer au basket, au foot, au volley, j'ai besoin d'un...
3. Pour les pieds, je porte des...
5. Pour nager, je porte des...
6. Au basket, on marque un...
8. On tire dans la ___ avec la raquette

Activité 50 - Complète le texte à trous avec les mots de la liste.

samedis – bientôt – appelle – mardi – déteste – équitation – danse – football – aime

Salut !

Je m'___________ Valentine. J'aime le sport.

Tous les ___________, je fais du ___________ dans une équipe féminine.

Le ___________ et le jeudi, je fais de la ___________.

J'___________ aussi la natation et l'___________.

Je ___________ le basket et le golf.

A ___________ !

LISTE DE VOCABULAIRE À RETENIR

FRANÇAIS	ENGLISH	CASTELLANO
Le tennis	Tennis	El tenis
Le basket	Basketball	El baloncesto
Le foot / le football	Soccer / football	El fútbol
La boxe	Boxing	El boxeo
Le cyclisme	Cycling	El ciclismo
La course	Running	La carrera
La natation	Swimming	La natación
Le ski	Ski	El esquí
L'escrime	Fencing	La esgrima
L'escalade	Climbing	La escalada
La danse	Dance	El baile
L'athlétisme	Athleticism	El atletismo
La voile	Sailing	La vela
La musculation	Bodybuilding	La musculación
La balle	The ball	La pelota
Le ballon	The ball	El balón
La raquette	The racket	La raqueta
Le panier	The basket	La cesta
Le bonnet de bain	The swimming cap	El gorro de baño
Le maillot de bain	The swimsuit	El bañador
Les gants de boxe	Boxing gloves	Guantes de boxeo
Les lunettes de plongée	Diving goggles	Gafas de buceo
Le terrain	The football field	El campo
Le court de tennis	The tennis court	La cancha

<u>Lis et observe l'infographie des activités culturelles et manuelles.</u>

Une pièce de théâtre
Aller au théâtre

Le film
Aller au cinéma

La lecture
Lire

Le musée
Aller au musée

La télévision
Regarder la télé

La musique
Jouer de la musique

Ecouter de la musique

L'écriture
Ecrire

La photo
Faire des photos

La peinture
Faire de la peinture

Le chant
Chanter

Le jardinage
Jardiner

Internet
Surfer sur Internet

La cuisine
Cuisiner

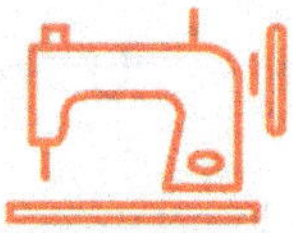
La couture
Coudre

<u>Lis et observe l'infographie du vocabulaire des activités manuelles et culturelles.</u>

Un ticket

Une place de cinéma

Un livre

Une visite de musée

Une série

Un instrument

Un casque
Des écouteurs

Un pinceau et un crayon

Un appareil photo

Une toile

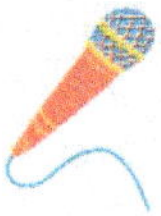
Un micro

Un pot de fleur

Une plante

Un tissus

Un fil et une aiguille

Activité 51 - Observe le tableau et relie.

Un livre	•	•	Le cinéma
Une toile	•	•	Le théâtre
Un film	•	•	La lecture
Une guitare	•	•	Le jardinage
Un appareil photo	•	•	Le chant
Une pièce	•	•	La peinture
Un pot de fleur	•	•	La musique
Une visite	•	•	La couture
Un micro	•	•	La photographie
Un tissu	•	•	L'écriture
Une série	•	•	Le musée
Un crayon	•	•	La cuisine
Une casserole	•	•	La télévision

Activité 52 – Lis la liste de vocabulaire et écris à quelle activité culturelle ou manuelle elle correspond.

Un pinceau Une toile	Un crayon Un cahier	Une plante Un pot de fleur
Un fil Une aiguille	Un livre Un roman	Une place Une pièce

Activité 53 – Cherche l'intrus dans chaque nuage de mots. Pour t'aider, consulte le tableau de vocabulaire à la fin de ce chapitre.

Un livre Un roman
La lecture
Lire
Ecouter

Un pinceau
Un crayon
Un film Une toile
De la peinture

La musique
Un micro Le chant
Ecouter Jardiner
Chanter

Un ticket Une place
Une pièce Surfer
Le théâtre Le cinéma
Un film

Activité 54 – Retrouve les lettres disparues dans le vocabulaire des activités culturelles et manuelles.

LA C _ IS _ NE	L'É _ RI _ U _ E	LE C _ AN _
LE J _ RD _ NA _ E	LA P _ IN _ U _ E	LE C _ NÉ _ A
LA C _ U _ UR _	LA _ USI _ UE	LE T _ ÉÂ _ RE
LA L _ CT _ R _	LA TÉ _ ÉVI _ IO _	LE _ U _ ÉE

Activité 55 – Complète le message mystère.

A	B	C	D	E	F	G	H	I	J	K	L	M	N	O	P	Q	R	S	T	U	V	W	X	Y	Z
2				11				13				7					22	10		21					

_ E   _ E E _ E _ _ ,   _ E   _ A I S   _ E S   A _ _ I _ I _ ÉS
23 11   1 11 11 24 11 15 8   17 11   20 2 13 10   8 11 10   2 23 16 13 25 13 16 10

_ U _ _ U R E _ _ E S   E _   M A _ U E _ _ E S .
23 21 26 16 21 22 11 26 26 11 10   11 16   7 2 15 21 11 26 26 11 10

S A M E _ I ,   _ E   _ A I S   A U   _ I _ E M A .
10 2 7 11 8 13   17 11   25 2 13 10   2 21   23 13 15 7 2

_ I M A _ _ _ E ,   _ E   _ A I S   _ E   _ A   _ E I _ _ U R E .
8 13 7 2 15 23 9 11   17 11   20 2 13 10   8 11   26 2   18 11 13 15 16 21 22 11

Activité 56 – Jeu du miroir. Réécris le vocabulaire des activités culturelles et manuelles.

La cuisine : ______________________________

Le jardinage : ______________________________

La couture : ______________________________

La lecture : ______________________________

L'écriture : ______________________________

La peinture : ______________________________

La musique : ______________________________

La télévision : ______________________________

Le chant : ______________________________

Le cinéma : ______________________________

Le théâtre : ______________________________

Le musée : ______________________________

Activité 57 – Relie les objets aux activités correspondantes.

	Le cinéma
	Le théâtre
	La lecture
	Le jardinage
	Le chant
	La peinture
	La musique
	La couture
	La photographie
	L'écriture
	Le musée
	La cuisine
	La télévision

Activité 58 – Trouve le vocabulaire des activités culturelles et manuelles dans les mots mêlés.

LIVRE
LECTURE
TOILE
PEINTURE
FILM
CINEMA
GUITARE
MUSIQUE
APPAREIL
PHOTO

PHOTOGRAPHIE
PIECE
THEATRE
POT
FLEUR
JARDINAGE
VISITE
MUSEE
MICRO
CHANT

TISSU
COUTURE
SERIE
TELEVISION
CRAYON
ECRITURE
CASSEROLE
CUISINE

M	N	L	U	F	W	Q	T	M	P	P	D	T	E	O	B	J	H	V	E
H	U	F	E	H	E	C	O	E	Q	Y	K	U	X	R	J	P	J	C	R
U	C	S	E	C	U	H	I	R	L	I	Q	M	L	I	F	W	Y	A	A
H	F	X	E	I	T	N	L	U	E	I	E	R	T	A	E	H	T	S	T
Z	K	B	S	E	T	U	E	A	S	Q	E	V	I	S	I	T	E	S	I
I	R	I	R	U	C	R	R	U	M	G	H	A	Z	L	I	V	R	E	U
I	N	B	R	P	C	R	M	E	A	E	B	U	E	E	L	Y	Y	R	G
E	Y	E	I	H	L	S	I	N	V	W	N	M	F	M	G	D	Q	O	V
D	C	E	A	J	Q	B	I	T	O	B	Z	I	U	R	P	Q	X	L	X
E	C	N	P	G	G	D	O	F	U	P	A	W	C	U	H	M	E	E	L
E	T	A	R	C	R	A	Y	O	N	R	H	F	N	E	O	I	I	U	T
B	M	P	W	A	L	F	O	Z	H	E	E	O	E	L	T	C	R	J	A
B	X	T	J	E	U	P	C	Q	X	B	I	J	T	F	O	R	E	T	M
M	T	F	Z	N	R	I	J	T	P	S	W	D	S	O	G	O	S	T	P
S	U	V	S	B	I	U	M	B	I	I	J	F	L	C	R	B	V	X	C
H	H	Z	J	Y	H	D	T	V	Q	M	G	F	U	J	A	C	I	U	U
A	F	H	N	C	F	N	E	U	E	S	M	G	K	M	P	B	O	Q	Y
U	S	S	I	T	S	L	W	I	O	T	T	Q	X	G	H	R	F	I	X
A	P	P	A	R	E	I	L	G	I	C	B	O	Q	G	I	D	R	X	E
O	C	V	M	T	Y	N	O	C	L	B	J	A	P	D	E	M	C	I	X

<u>Activité 59 - Complète les mots croisés des activités culturelles et manuelles.</u>

HORIZONTAL

5. Avec des pinceaux et une toile, je fais de la...
7. Je vais voir une pièce au...
8. Je chante avec un

VERTICAL

1. Avec un fil et une aiguille, je fais de la...
2. Dans le jardin, je fais du...
3. J'écoute de la musique
4. Je lis un
6. À la télévision, je regarde une...

Activité 60 – Remets le dialogue des activités culturelles et manuelles dans l'ordre.

a. Comment elle s'appelle ?
b. Salut Simon ! Ça va ?
c. Super ! Rendez-vous à 18h devant le théâtre. A tout à l'heure !
d. Je préfère le théâtre. Il y a une super pièce en français ce soir.
e. Salut ! Oui, ça va et toi ?
f. « Le prénom ». Tu connais ?
g. Ciao !
h. Bien. Tu veux aller au cinéma ce soir ?
i. Non. Mais on peut aller la voir !

LISTE DE VOCABULAIRE À RETENIR

FRANÇAIS	ENGLISH	CASTELLANO
La pièce	The play	La obra
Le livre	The book	El libro
La lecture	The reading	La lectura
La toile	The canvas	El lienzo
La peinture	The painting	El cuadro
Le film	The film	La película
Le cinéma	The cinema	El cine
La guitare	The guitar	La guitarra
La musique	Music	Música
Le casque	Headphones	Auriculares
Les écouteurs	Headphones	Auriculares
Un appareil photo	A camera	Una cámara
La photographie	Photography	Fotografía
La pièce	The play	La obra
Le théâtre	The theatre	El teatro
Le pot de fleur	The flower pot	La maceta
Le jardinage	The gardening	La jardinería
La visite	The visit	La visita
Le musée	The museum	El museo
Le micro	The microphone	El micrófono
Le chant	The singing	El canto
Le tissu	Cloth	Tela
La couture	Sewing	Costura
La série	The series	La serie
La télévision	The television	La televisión
Le crayon	The pencil	El lápiz
Le pinceau	The paintbrush	El pincel
Une écriture	The writing	La escritura
Le fil	The thread	El hilo
Une aiguille	A needle	Una aguja
La casserole	The pot	La olla
La cuisine	The kitchen	La cocina
Regarder	To watch	Ver
Ecouter	To listen	Escuchar
Cuisiner	To cook	Cocinar
Jardiner	To garden	Trabajar en el jardín
Coudre	To sew	Coser
Chanter	To sing	Cantar
Peindre	To paint	Pintar

Lis et observe les pièces sur le plan de la maison.

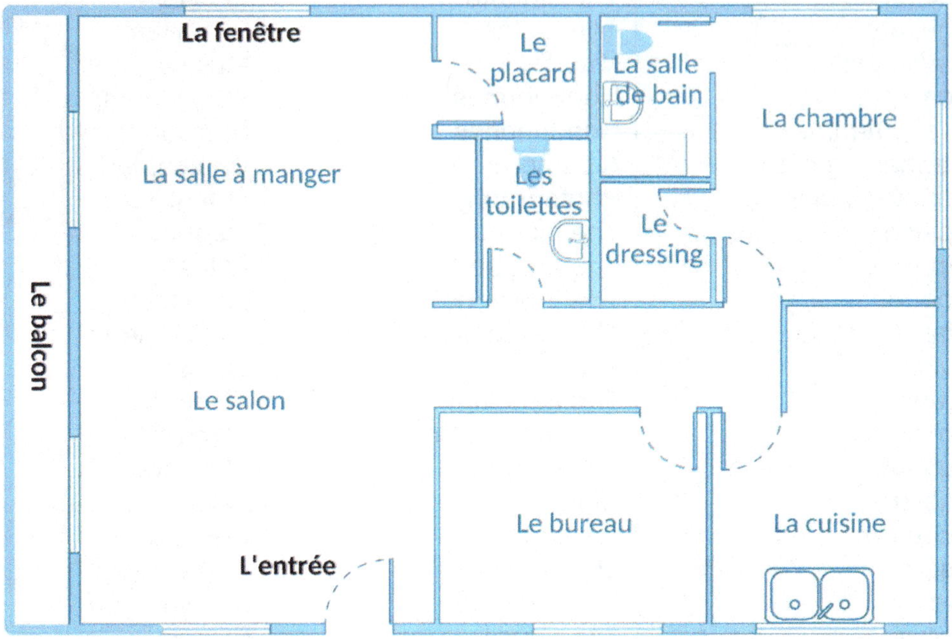

Lis et observe les meubles de la maison.

Activité 61 – Lis la liste de vocabulaire et écris le nom de la pièce.

Le canapé Le fauteuil	Le bureau La chaise de bureau	Le lavabo La baignoire
La table Les chaises	Le lit La table de chevet	La porte

Activité 62 – Cherche l'intrus dans chaque nuage de mots. Pour t'aider, consulte le tableau de vocabulaire à la fin de ce chapitre.

Un lit
Une table de chevet
Un oreiller
Un canapé

Une chaise
Une table   Un four
Un fauteuil
Un évier

Un lavabo
Un miroir   Un four
Une baignoire

Une table basse
Un fauteuil   Un canapé
Une plaque de cuisson

Activité 63 – Relie les objets au mot correspondant.

- Le canapé
- La fenêtre
- La chaise
- Le bureau
- Le lavabo
- Le lit
- La lampe
- L'horloge
- Le miroir
- La porte
- Le fauteuil
- La douche
- La baignoire

Activité 64 – Classe les objets et les meubles de la liste dans la bonne pièce. Attention, certains objets ou meubles peuvent aller dans différentes pièces.

Les toilettes – Le lit – La douche – Le four – Le canapé – Le bureau – Le lavabo – La plaque de cuisson – La baignoire – La table de chevet – Le fauteuil – La table – Les chaises – La chaise de bureau – Le four à micro-ondes – La table basse

La cuisine	La salle de bains	La chambre
Le bureau	**Le salon**	**Les toilettes**

Activité 65 – Retrouve les lettres disparues dans le vocabulaire de la maison.

LA C _ ISI _ E

LE _ OU _

LA T _ _ LE

LA C _ A _ SE

LA S _ L _ E D _ _ A _ NS

LA D _ U _ H _

LA BA _ G _ OI _ E

LE _ A _ A _ O

LES TO _ L _ T _ ES

LE M _ R _ IR

LE S _ L _ N

LE _ AN _ PÉ

LE FA _ TE _ IL

LE _ UR _ AU

LA F _ NÊ _ RE

LA _ O _ TE

LA _ A _ PE

LA C _ A _ BR _

LA T _ B _ E DE CH _ VE _

Activité 66 – Remets le dialogue dans l'ordre.

a. Il y a trois chambres, deux salles de bains, une cuisine, un salon et un bureau.
b. Oui et une super terrasse !
c. Ouah ! Il y a combien de chambres ?
d. J'arrive tout de suite pour prendre un verre !
e. Il y a huit pièces au total !
f. Oh super ! Il y a combien de pièces ?
g. Salut ! Ça y est ! Nous avons une nouvelle maison !
h. Vous avez un jardin ?

Activité 67 – Trouve le vocabulaire de la maison dans les mots mêlés.

CUISINE
FOUR
EVIER
TABLE
CHAISE
DOUCHE
BAIGNOIRE
LAVABO
MIROIR
SALON
CANAPE
FAUTEUIL
BUREAU
FENETRE
PORTE
TABLEAU
LAMPE
CHAMBRE
LIT
ENTREE
TERRASSE
BALCON
ETAGE

B	M	P	U	L	F	J	G	U	J	I	L	P	W	C	E	B	A	M	E
A	A	L	V	B	Y	B	T	E	C	A	U	O	X	E	T	B	Q	L	N
I	E	L	Z	E	T	E	L	F	V	O	V	R	R	C	Q	Y	B	U	Z
G	N	R	C	T	Y	D	H	A	S	N	L	T	J	C	H	A	I	S	E
N	E	O	B	O	E	C	B	D	X	I	N	E	C	O	T	V	X	F	T
O	W	V	L	M	N	O	N	P	U	E	D	Q	R	P	D	V	R	B	A
I	R	H	S	A	A	P	I	E	L	X	C	E	P	M	A	L	K	W	G
R	U	C	G	Z	S	H	T	J	N	S	X	F	V	C	G	H	B	E	E
E	D	E	O	K	N	U	C	T	E	R	R	A	S	S	E	O	K	P	U
F	P	O	T	T	A	Z	Q	O	G	B	D	F	O	G	V	Z	A	A	P
V	E	L	U	F	Z	P	N	N	G	W	P	G	W	L	G	Y	P	N	J
R	C	N	S	C	B	V	H	U	P	V	V	E	E	V	R	L	E	A	L
A	U	E	E	R	H	W	U	R	I	O	Q	Q	S	H	L	T	G	C	Q
G	H	O	U	T	Q	E	V	E	J	P	I	B	O	Z	O	V	Q	T	A
W	S	R	F	X	R	B	O	I	Q	X	M	M	H	R	Q	L	A	K	I
B	U	R	E	A	U	E	C	V	A	E	U	B	K	F	Q	B	O	J	B
C	E	N	I	S	I	U	C	E	R	I	O	R	I	M	L	T	X	Q	O
P	W	M	Q	H	W	A	C	R	W	X	O	V	L	E	G	I	Z	U	Z
W	V	C	W	N	Y	S	W	N	T	M	D	C	A	Q	S	L	V	S	Q
F	K	F	A	J	Q	F	Y	U	J	V	T	U	X	E	Z	Z	N	S	X

Activité 68 - Complète les mots croisés du vocabulaire de la maison.

HORIZONTAL

2. - Pièce où je prépare les repas
4. - Où je m'assois
5. - Pièce où je dors
7. - Siège du salon
9. - Pièce où je regarde la télé

VERTICAL

1. - Dans la maison, je regarde par la...
3. - Pièce où je me lave
6. - Je me regarde dans le...
8. - Meuble où je mange
10. - Meuble où je dors

Activité 69 – Remets le dialogue dans l'ordre.

Emilie : je – visiter – maison. – Viens, – vais – ma - te faire
Caroline : plaisir ! – Oui, – avec
Emilie : il y a – et le – la cuisine – salon. – Au – rez-de-chaussée,
Caroline : grand ! – C'est – très
Emilie : et la – les chambres – il y a – A l'étage, – salle de bains. – et
Caroline : maison ! – une – belle – maison – C'est – très

____

____

____

____

____

____

____

Activité 70 - Complète le texte à trous avec les mots de la liste.
chaises – fauteuils – pièces – salon – bureau – salles de bains – cuisine – maison

Dans ma ___________, il y a huit ___________.

Au rez-de-chaussée, il y a la ___________ avec un four, un évier, une table et des ___________. Il y a le ___________ avec un grand canapé, une table basse et deux ___________. Il y a aussi des toilettes.

Au premier étage, il y a trois chambres et deux ___________.

Au deuxième étage, il y a un bureau avec une plante verte, ___________et une chaise de bureau.

LISTE DE VOCABULAIRE À RETENIR

FRANÇAIS	ENGLISH	CASTELLANO
La cuisine	The kitchen	La cocina
Le four	The oven	El horno
Le micro-ondes	The microwave	El microondas
La plaque de cuisson	The cooking plate	La placa de cocción
L'évier	The sink	El fregadero
La table	The table	La mesa
La chaise	The chair	La silla
La salle de bains	The bathroom	El baño
La douche	The shower	La ducha
La baignoire	The bathtub	La bañera
Le lavabo	The washbasin	El lavabo
Les toilettes	The toilet	El baño
Le miroir	The mirror	El espejo
Le salon	The living room	La sala de estar
Le canapé	The sofa	El sofá
Le fauteuil	The armchair	El sillón
La table basse	The coffee table	La mesa de café
La salle à manger	The dining room	El comedor
Le bureau	The desk	El escritorio
La fenêtre	The window	La ventana
La porte	The door	La puerta
Le tableau	The painting	El cuadro
La lampe	The lamp	La lámpara
La chambre	The bedroom	El dormitorio
La table de chevet	The bedside table	La mesita de noche
Le lit	The bed	La cama
L'armoire	The wardrobe	El vestuario
La bibliothèque	Bookcase	La librería
La commode	The chest of drawers	La cómoda
L'entrée	The entrance	La entrada
La terrasse	The terrace	La terraza
Le balcon	The balcony	El balcón
Le rez-de-chaussée	The ground floor	La planta baja
L'étage	The first floor	El primer piso

Lis et observe le plan de la ville.

Lis et observe la liste des magasins et services en ville.

Le magasin de vêtements

La boulangerie

La librairie

La boucherie

Le garagiste

Le primeur

L'épicerie

Le restaurant

Le bar

La pizzeria

La confiserie

Le fleuriste

La Poste

Le magasin de bricolage

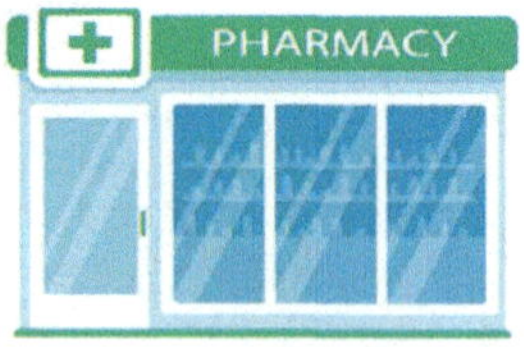

La pharmacie

Le poste de police

Activité 71 – Cherche l’intrus dans chaque nuage de mots. Pour t’aider, consulte le tableau de vocabulaire à la fin de ce chapitre.

La boulangerie
La pharmacie
L’épicerie
La boucherie

L’épicerie
Le fleuriste
Le garage
La poste

Le café
La confiserie
Le bar
Le restaurant

Le magasin de vêtements
La librairie
Le fleuriste
Le primeur

Activité 72 – Classe les commerces selon le type d’activité.

La poste – La boulangerie – La pharmacie – La librairie – Le dentiste – L’épicerie – La boucherie – Le fleuriste – L’hôpital – Le garage – La confiserie – Le cinéma – Le primeur – Le magasin de vêtements

ALIMENTATION	SERVICE	SANTÉ

Activité 73 – Retrouve les lettres disparues dans le vocabulaire de la ville.

LA M _ IRI _	L'IM _ E _ BLE	L'H _ PI _ AL
LA R _ E	LA P _ ST _	LE GA _ A _ E
LA _ IL _ E	LA BO _ LA _ GE _ IE	LA CO _ FI _ ERI _
LE P _ R _	LA P _ A _ MA _ IE	LE C _ NEM _
LA FO _ TA _ N _	LA L _ B _ AIRI _	LE RE _ TA _ RA _ T
LE PA _ KIN _	LA B _ UC _ ERIE	LE B _ R
LE MA _ AS _ N	L'EP _ C _ RIE	
LA L _ BR _ IRIE	LE FL _ URI _ TE	

Activité 74 – Remets le dialogue dans l'ordre.

Matthieu : Je dois aller à la poste et à la pharmacie. Et toi ?
Julie : Parce que c'est l'anniversaire de ta mère !
Matthieu : Pourquoi tu veux aller chez le fleuriste ?
Julie : Nous devons faire des courses. Tu as la liste ?
Matthieu : Oui, j'ai la liste.
Julie : Je veux aller à la confiserie et chez le fleuriste.
Matthieu : Oh ! Oui ! C'est vrai !
Julie : Dans quels magasins du centre-ville nous devons aller ?

____

____

____

____

____

____

____

____

Activité 75 – Relie le magasin à la définition.

La libraire	•	•	On fabrique du pain.
La boulangerie	•	•	Je retrouve mes amis.
Le primeur	•	•	On vend des fleurs.
Le café	•	•	Il y a des médicaments.
Le fleuriste	•	•	J'achète des livres.
La pharmacie	•	•	On envoie une lettre.
La poste	•	•	Je trouve des fruits et des légumes.

Activité 76 – Relie les magasins au mot correspondant.

	•	• La boulangerie
	•	• La boucherie
	•	• L'épicerie
	•	• Le fleuriste
	•	• La confiserie
	•	• La Poste
	•	• La librairie
	•	• Le primeur
	•	• Le garage
	•	• La restaurant
	•	• Le bar
	•	• La pharmacie

Activité 77 – Trouve le vocabulaire de la ville dans les mots mêlés

PLACE	POSTE	HOPITAL
FONTAINE	BOULANGERIE	GARAGE
PARKING	PHARMACIE	CONFISERIE
QUARTIER	LIBRAIRIE	CINEMA
MAGASIN	BOUCHERIE	RESTAURANT
LIBRAIRIE	EPICERIE	BAR
IMMEUBLE	FLEURISTE	

O	E	P	Y	V	W	X	W	E	I	R	I	A	R	B	I	L	O	L	N
U	O	I	Y	P	L	G	G	H	V	K	N	B	E	Y	A	W	F	B	I
B	R	B	R	D	O	U	A	E	J	J	F	T	D	P	L	O	E	O	S
I	U	Y	H	E	R	S	E	R	B	R	S	L	H	G	N	A	I	U	A
X	Q	O	M	Z	H	K	T	I	A	I	E	A	M	T	S	W	R	L	G
G	K	G	V	N	R	C	G	E	R	G	R	I	A	Y	J	G	E	A	A
G	N	I	K	R	A	P	U	U	R	M	E	I	T	Z	Z	X	C	N	M
I	M	M	E	U	B	L	E	O	A	A	N	C	M	R	V	J	I	G	Z
K	A	G	Q	J	O	L	U	C	B	E	B	O	Q	Z	A	C	P	E	B
M	O	Y	X	U	F	H	I	H	A	E	Y	N	J	P	I	U	E	R	Z
D	B	B	K	S	W	E	U	V	I	X	U	F	J	I	E	J	Q	I	Q
X	H	D	B	E	R	C	E	R	Q	A	N	I	Z	M	M	M	Q	E	D
T	O	F	T	M	U	J	I	A	K	Z	C	S	J	Q	H	C	Y	S	B
O	U	E	V	I	D	A	C	Z	V	I	V	E	P	C	V	K	Q	E	Q
R	P	C	Z	S	R	Q	W	F	N	Q	J	R	L	V	E	I	Q	K	A
Z	C	K	W	B	T	K	L	E	V	R	C	I	A	V	E	P	K	E	M
W	Q	Q	I	T	N	B	M	A	V	F	Y	E	C	C	C	W	C	W	S
Q	P	L	S	M	R	A	E	R	H	M	V	L	E	W	J	B	P	N	X
S	H	O	P	I	T	A	L	T	N	A	R	U	A	T	S	E	R	T	W
T	D	Z	N	F	R	D	E	D	V	S	O	S	X	X	N	Q	B	H	X

Activité 78 - Complète les mots croisés du vocabulaire de la ville.

HORIZONTAL

3. - Endroit où je retrouve mes amis
4. - Ensemble de maisons
6. - Lieu de culte
7. - Endroit pour se promener
8. - Magasin où j'achète des bonbons
10. - Grand bâtiment

VERTICAL

1. - Atelier pour réparer la voiture
2. - Magasin où j'achète le pain
5. - Magasin où j'achète de la viande
9. - Bureau de la ville

Activité 79 - Remets le dialogue dans l'ordre.

Emilie : des - va - On - courses – faire ?
Caroline : veux - tu - Où - aller ? - Oui.
Emilie : à la - acheter - Je - dois - Et toi ? - pain - boulangerie. - du
Caroline : besoin de - et de légumes. - J'ai - fruits
Emilie : chez le - va - primeur ? - On
Caroline : très bien. - le primeur - rue du - Oui, - Printemps - est - de la

____

____

____

____

____

____

____

Activité 80 - Complète le texte à trous avec les mots de la liste.

agréable – au marché - les courses - les légumes - temps - des marchands - des produits

J'aime faire ________ au marché.

J'adore voir les étals __________, les fruits et _________.

Aller _________, c'est un peu les vacances. C'est une activité ________. Tu

prends ton _______ et tu achètes ________ frais et de saison.

LISTE DE VOCABULAIRE À RETENIR

FRANÇAIS	ENGLISH	CASTELLANO
La mairie	The town hall	El ayuntamiento
La rue	The street	La calle
La ville	The town	La ciudad
Le parc	The park	El parque
La place	The square	La plaza
La fontaine	The fountain	La fuente
Le parking	The car park	El aparcamiento
Le quartier des affaires	The business district	El distrito comercial
La gare routière	The bus station	La estación de autobuses
Le magasin	The shop	La tienda
La librairie	The bookshop	La librería
L'immeuble	The building	El edificio
La poste	The post office	La oficina de correos
La boulangerie	The bakery	La panadería
La pharmacie	The pharmacy	La farmacia
La librairie	The bookshop	La librería
La boucherie	The butcher's shop	La carnicería
L'épicerie	The grocery shop	La tienda de comestibles
Le fleuriste	The florist	La floristería
L'hôpital	The hospital	El hospital
Le garage	The garage	El garaje
La confiserie	The sweet shop	La tienda de dulces
Le cinéma	The cinema	El cine
Le restaurant	The restaurant	El restaurante
Le bar	The bar	El bar
Un marchand	A seller	Un vendedor
Faire des courses	To do the grocery	Hacer la compra
Aller au marché	To go to the market	Ir al mercado

<u>Lis et observe la liste des transports individuels et en commun.</u>

La voiture

Le vélo

La trottinette

Le skateboard

Les rollers

Le scooter

La moto

Le VTT

Le bus

Le métro

Le tramway

Le train

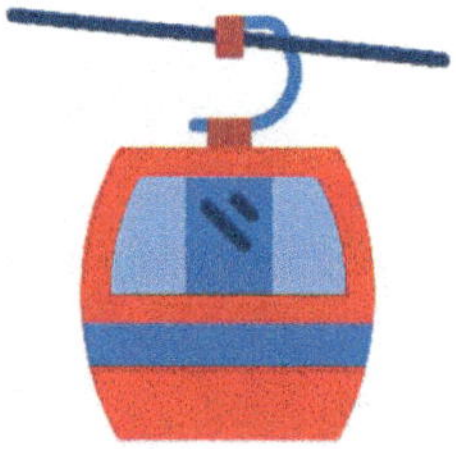
Le téléphérique

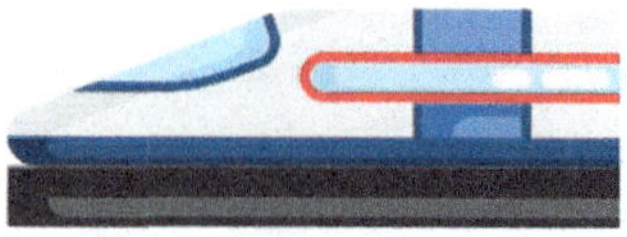
Le TGV

L'avion

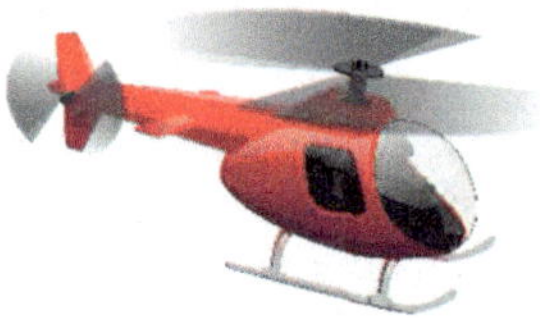
L'hélicoptère

Activité 81 – Cherche l'intrus dans chaque nuage de mots. Pour t'aider, consulte le tableau de vocabulaire à la fin de ce chapitre.

La trottinette
Le skate
Le roller
Le vélo

Le vélo
La moto
La voiture
Le scooter

Le train
Le métro
Le RER
Le tramway

Le TGV
L'avion
L'hélicoptère
Le VTT

Activité 82 – Classe selon le type de transport.
Le bus – Le vélo – Le tramway – La voiture – Le VTT – La trottinette électrique – Le métro – Le téléphérique – Les rollers – Le car – Le scooter – La moto

TRANSPORT INDIVIDUEL	TRANSPORT EN COMMUN

Activité 83 – Jeu du miroir. Réécris le vocabulaire des transports.

La voiture ______________________

La fourgonnette ______________________

Le camion ______________________

La navette ______________________

Le mètro ______________________

Le bus ______________________

Le train ______________________

Le tramway ______________________

Le téléphérique ______________________

La moto ______________________

Le scooter ______________________

Le vélo ______________________

La trottinette électrique ______________________

Le skateboard ______________________

Les rollers ______________________

L'avion ______________________

L'hélicoptère ______________________

Activité 84 – Complète le message mystère.

A	B	C	D	E	F	G	H	I	J	K	L	M	N	O	P	Q	R	S	T	U	V	W	X	Y	Z
20				21										4	11				17	26	24				

P(11) O(4) U(26) _(13)   A(20) _(8) _(8) E(21) _(13)   A(20) U(26)   T(17) _(13) A(20) V(24) A(20) _(12) _(8)   _(6) E(21)

P(11) _(13) E(21) _(2) _(14) _(15)   _(8) E(21)   _(16) U(26) _(15)   O(4) U(26)   _(8) A(20)   V(24) O(4) _(12) T(17) U(26) _(13) E(21)

_(6) E(21)   P(11) _(13) É _(23) È _(13) E(21)   _(8) A(20)   V(24) O(4) _(12) T(17) U(26) _(13) E(21)   _(18) A(20) _(12) _(15)   _(8) E(21)

_(16) U(26) _(15)   E(21) _(15) T(17)   P(11) _(8) U(26) _(15)   É _(9) O(4) _(2) O(4) _(18) _(12) _(22) U(26) E(21)

_(8) E(21)   _(5) E(21) E(21) _(3) E(21) _(2) _(14)   _(6) E(21)   _(23) A(20) _(12) _(15)   _(14) U(26)   V(24) É _(8) O(4)

_(6) E(21)   _(2)   A(20) _(12) _(18) E(21)   P(11) A(20) _(15)   _(8)   A(20) V(24) _(12) O(4) _(2)

Activité 85 – Relie les transports au mot correspondant.

	La moto
	Les rollers
	La voiture
	Le bus
	Le tramway
	La trottinette
	Le vélo
	L'avion
	Le métro
	Le skateboard
	Le scooter
	Le train

Activité 86 – Trouve le vocabulaire des transports dans les mots mêlés

VOITURE
CAMION
METRO
RESEAU
EXPRESS
REGIONAL
BUS

TRAIN
TGV
TELEPHERIQUE
MOTO
SCOOTER
VELO
TROTTINETTE

ELECTRIQUE
AVION
TRANSPORT
COMMUN
ALLER
PRENDRE

C	X	A	W	M	Z	Z	E	G	S	E	T	V	A	G	E	C	N	R	P
N	E	R	I	Q	O	X	X	M	C	R	É	B	Z	E	Y	G	G	P	R
O	A	U	X	Q	P	T	B	U	O	L	Z	W	F	U	G	E	R	F	E
I	C	R	Q	R	Z	U	O	P	O	X	I	Z	C	C	A	M	I	O	N
V	C	V	E	I	R	J	S	Y	T	C	O	M	M	U	N	G	U	J	D
A	X	S	I	K	R	N	W	M	E	X	R	H	E	B	X	J	I	S	R
N	S	K	Z	B	A	T	R	C	R	E	R	O	Y	B	B	Y	G	R	E
D	S	W	Y	R	V	J	C	H	P	T	X	N	K	A	B	F	A	D	A
P	X	O	T	H	F	J	G	E	J	M	Q	I	O	V	L	Y	W	Y	T
L	A	N	O	I	G	É	R	S	L	O	F	A	K	I	V	L	Q	A	E
V	Q	V	C	R	A	L	G	B	W	É	F	R	I	B	V	D	E	C	W
R	G	I	G	É	P	X	Q	R	B	V	E	T	M	F	R	G	K	R	F
T	S	W	S	S	E	V	P	W	A	R	Y	Q	H	S	N	V	J	Q	W
R	H	R	B	E	L	T	G	X	U	Y	L	U	T	M	N	X	C	F	G
N	R	S	D	A	J	Z	D	T	J	A	Z	P	Z	M	É	E	O	E	H
F	L	W	M	U	B	P	I	G	Y	D	F	E	G	S	A	T	O	Q	P
B	W	X	V	R	V	O	W	G	Y	W	A	D	M	O	U	V	R	A	Z
O	X	Y	S	V	V	S	I	A	E	R	F	Y	X	Y	V	B	V	O	P
T	É	L	É	P	H	É	R	I	Q	U	E	P	Y	A	Q	X	N	T	C
E	T	T	E	N	I	T	T	O	R	T	K	D	S	C	N	T	K	T	J

Activité 87 – Remets le dialogue dans l'ordre.

Matthieu : C'est vrai ! Il faut utiliser les transports en commun.
Julie : Je prends la voiture ou le bus.
Matthieu : Et qu'est-ce que tu préfères ?
Matthieu : Comment tu vas au travail ?
Julie : Je préfère la voiture, je suis plus tranquille mais le bus est plus écologique et économique.
Julie : Oui, tu as raison.

____

____

____

____

____

____

____

Activité 88 – Relie le transport à la définition.

La voiture	•	•	Gros véhicule pour transporter des marchandises
Le vélo	•	•	Transport en commun de ville
L'avion	•	•	Transport individuel à quatre roues non motorisé
Le camion	•	•	Transport individuel à deux roues
Le bus	•	•	Transport en commun sur rails entre les régions et les pays
Le train	•	•	Transport qui vole
Le skateboard	•	•	Transport individuel à quatre roues motorisé

Activité 89 - Complète le texte à trous avec les mots de la liste.
transports en commun - économique - du vélo - du roller - en bus – au bureau – voitures

Tous les jours, je vais au travail _______ ou en métro. Je prends

les________________ parce que c'est plus ________ et écologique.

J'aime faire _________ pour aller ________ mais c'est difficile parce qu'il y a

beaucoup de _________ sur la route.

Le weekend, je fais ________ ou du skate dans le parc.

Activité 90 - Complète les mots croisés du vocabulaire des transports.

HORIZONTAL

2. Gros véhicule pour transporter des marchandises
5. Pour se déplacer
6. Transport individuel à deux roues
7. _____ la voiture
10. Transport individuel à quatre roues non motorisé
12. Transport qui vole

VERTICAL

1. Transport individuel à quatre roues motorisé
3. Pour une personne
4. ____ à vélo
8. Transport en commun de ville
9. Transport public
11. Transport en commun sur rails entre les régions et les pays

LISTE DE VOCABULAIRE À RETENIR

FRANÇAIS	ENGLISH	CASTELLANO
La voiture	The car	El coche
La fourgonnette	The van	La furgoneta
Le camion	The truck	El camión
La navette	Shuttle bus	El autobús de enlace
Le métro	The metro	El metro
Le RER (*Réseau Express Régional – train régionaux de la région parisienne*)	RER	RER (*Red Exprés Regional - trenes regionales en la región de París*)
		El autobús / Autocar
Le bus / Le car	Bus / Coach	El tren
Le train	Train	El AVE (*Alta Velocidad Española*)
Le TGV (*Train Grande Vitesse*)	TGV	
Le tramway	Tramway	El tranvía
Le téléphérique	Cable car	El teleférico
La moto	Motorbike	La motocicleta
Le scooter	Scooter (like a Vespa)	El scooter
Le vélo	Bicycle	La bicicleta
Le VTT (*Vélo Tout Terrain*)	Mountain bike	La bicicleta de montaña
Le vélo électrique	Electric bike	La bicicleta eléctrica
La trottinette	Scooter	El patinete
La trottinette électrique	Electric scooter	El patinete eléctrico
Le skateboard	Skateboard	El monopatín
Les rollers	Rollerblades	Los patines
L'avion	Aeroplane	El avión
L'hélicoptère	Helicopter	El helicóptero
Les transports en commun	Public transport	Transporte publico
Prendre la voiture	To take the car	Tomar el coche
Prendre le train	To take the train	Tomar el tren
Aller en voiture	To go by car	Ir en coche
Aller en train	To go by train	Ir en tren
Aller en avion	To fly	Volar
Aller à vélo	To go by bike	Ir en bicicleta
Aller à trottinette	To go by scooter	Ir en patinete
Aller à cheval	To go by horse	Ir a caballo

<u>Lis et observe la liste des métiers.</u>

Le boulanger

La boulangère

Le coiffeur

La coiffeuse

Le serveur

La serveuse

Le caissier

La caissière

Le pharmacien

La pharmacienne

L'infirmier

L'infirmière

Le / La photographe

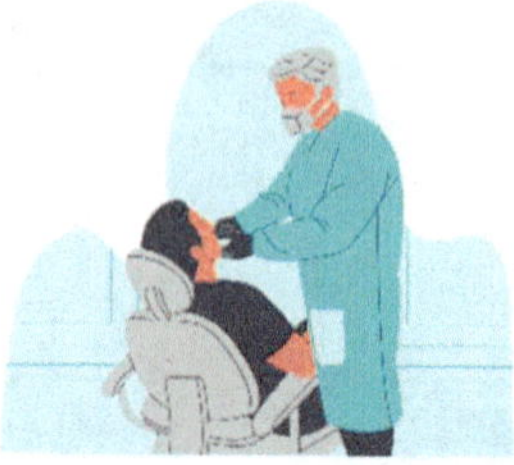
Le / La dentiste

Le docteur

La docteure

Activité 91 – Cherche l'intrus dans chaque nuage de mots. Pour t'aider, consulte le tableau de vocabulaire à la fin de ce chapitre.

Le coiffeur
L'esthéticienne
Le dentiste
Le boulanger

La dentiste
La coiffeuse
L'infirmière
La docteure

Le coiffeur
Le serveur
L'acteur
Le vendeur

L'actrice
La directrice
La productrice
La coiffeuse

Activité 92 – Classe selon le type de métiers

Le boulanger – Le coiffeur – Le serveur – Le caissier – Le pharmacien – L'infirmier – Le photographe – Le dentiste – Le docteur

DOMAINE MÉDICAL	ALIMENTATION	BEAUTÉ	AUTRE

Activité 93 – Retrouve les lettres disparues dans le vocabulaire de la ville.

UN M _ _ IE _
UNE _ _ OFE _ _ ION
UN BOU _ O _
UN VEN _ EU _
UNE VEN _ EU _ E
UN BOU _ ANGE _
UNE BOU _ ANGÈ _ E
UN BOUC _ E _
UNE BOUC _ È _ E
UN INFI _ MIE _
UNE INFI _ MIÉ _ E
UN CAI _ _ IE _
UNE CAI _ _ IÈ _ E
UN COIFFEU _
UNE COIFFEU _ E

UN C _ AN _ EU _
UNE C _ AN _ EU _ E
UN _ E _ VEU _
UNE _ E _ VEU _ E
UN _ I _ EC _ EU _
UNE _ I _ EC _ _ ICE
UN AC _ EU _
UNE AC _ _ ICE
UN _ OC _ EU _
UN _ _ OFE _ _ EU _
UNE _ _ A _ MACIENNE
UNE E _ _ _ É _ ICIENNE
UNE C _ I _ U _ GIENNE
UN / UNE _ _ O _ OG _ A _ _ E
UN / UNE A _ C _ ÉO _ OGUE

Activité 94 – Relie le métier à la définition.

Le boulanger	•	•	Personne qui coupe les cheveux
Le boucher	•	•	Personne qui donne des classes
Le docteur	•	•	Personne qui sauve des vies
Le professeur	•	•	Personne qui fait du pain
Le directeur	•	•	Personne qui coupe la viande
Le photographe	•	•	Personne qui dirige
Le coiffeur	•	•	Personne qui prend des photos

Activité 95 – Ecris les mots dans le bon ordre et trouve la phrase mystère.

Mot	1	2	3	4	5	6	7	8	9	10	11	12
NESDEUVE				21			8					
AÈNGBEULRO		3				26						
CHOUÈBER								14				
ÈNRFMIIIER			23							17		
SSACÈRIEI								11				
SCEOFUIEF			5									
UCSTAEHEN						6						
EVURESSE							16					
EDCIREICRT	4		19	20		9	24	28		22		
CAEITRC	25											
TRUDOEEC		12										
ERFRSOSPEEU	10			13		15	29		18			
RNIHCERNEIGU									1			
TOPOHPEGARH								27		7		
OGÉUHOLERAC							2					

1 2 3 4 5 6   7 8 9

10 11 12 13 14 15 16 17 18 19 20   21 22

23 24 25 26 Ç 27 28 29

Activité 96 – Trouve le vocabulaire des métiers dans les mots mêlés

METIER
PROFESSION
BOULOT
VENDEUSE
BOULANGERE
BOUCHERE
INFIRMIERE
CAISSIERE
COIFFEUSE
CHANTEUSE
SERVEUSE
DIRECTRICE
ACTRICE
DOCTEURE
PROFESSEURE
PHARMACIENNE
ESTHETICIENNE
CHIRURGIENNE
PHOTOGRAPHE
ARCHEOLOGUE

P	S	L	F	W	E	W	B	B	K	X	V	E	H	D	S	B	N	W	S
A	R	L	H	L	Y	C	P	C	S	Y	S	R	P	R	S	W	K	J	E
S	C	O	I	F	F	K	Z	J	E	Y	I	U	T	X	Y	I	A	R	V
E	T	L	F	O	B	Z	U	E	R	F	E	E	C	I	R	T	C	A	J
U	I	L	M	E	R	A	R	G	V	E	W	S	R	A	N	E	K	A	A
Q	S	A	R	X	S	È	T	P	E	R	Q	S	B	È	Q	C	W	Q	X
J	H	I	E	Z	I	S	W	M	U	È	C	E	O	F	H	V	B	G	H
R	N	T	M	S	W	L	I	Q	S	I	X	F	U	K	N	C	V	P	U
N	C	T	S	J	F	V	U	O	E	M	C	O	L	R	P	E	U	S	D
C	O	I	F	F	E	U	S	E	N	R	J	R	O	P	N	H	T	O	D
S	A	U	W	A	Q	E	L	Q	P	I	C	P	T	D	O	O	J	I	B
C	Z	J	U	A	I	U	I	E	D	F	W	H	E	Y	H	R	R	Q	M
P	H	A	R	M	A	C	I	E	N	N	E	U	A	V	H	E	J	Q	K
E	R	Q	L	M	J	V	Q	C	E	I	S	R	V	N	C	H	B	K	S
A	R	C	H	É	O	L	O	G	U	E	X	W	U	T	T	V	D	H	M
Z	E	R	È	G	N	A	L	U	O	B	A	L	R	E	F	E	I	E	G
J	R	X	K	E	M	A	K	A	M	É	T	I	E	R	T	L	U	B	B
E	H	P	A	R	G	O	T	O	H	P	C	B	J	M	A	C	T	S	U
D	Q	C	H	I	R	U	R	G	I	E	N	N	E	D	O	R	O	Q	E
E	N	N	E	I	C	I	T	É	H	T	S	E	O	U	D	F	A	D	C

Activité 97 – Remets le dialogue dans l'ordre.

Julie : Tu aimes ton boulot ?
Matthieu : Oui, j'aime parler avec les gens.
Julie : Super !
Julie : Je suis dentiste. Et toi ? Quelle est ta profession ?
Matthieu : Quel est ton métier ?
Matthieu : Je suis coiffeur.

____

____

____

____

____

____

____

Activité 98 - Complète le texte à trous avec les mots de la liste.
classes – enfants – professeure – métier — séjours

Elodie est _________ de français. Elle aime son _______. Elle donne des _________ de français à des adultes et à des _________, sur Internet et elle propose des _______immersifs en Limousin.

Activité 99 - Remets le dialogue dans l'ordre.

Emilie : Quel sera ton métier plus tard ?
Caroline : Je veux être chirurgienne !
Emilie : Très bonne idée !
Caroline : Et toi ?
Emilie : Je veux être dentiste ou infirmière. Je ne sais pas encore.
Caroline : Tu as le temps de décider.

____

____

____

____

____

____

____

Activité 100 - Complète les mots croisés du vocabulaire des métiers.

HORIZONTAL

3. Personne qui prend des photos
6. Femme qui fait du pain
7. Femme qui coupe la viande
8. Femme qui sauve des vies
9. Femme qui coupe les cheveux
10. Femme qui travaille au salon de beauté

VERTICAL

1. Femme qui travaille au supermarché
2. Personne qui soigne les dents
4. Femme qui donne des classes
5. Femme qui dirige

LISTE DE VOCABULAIRE À RETENIR

FRANÇAIS	ENGLISH	CASTELLANO
Un métier	A work	Un oficio
Une profession	A profession	Una profesión
Un boulot	A job	Un trabajo
Un vendeur	A salesperson	Un vendedor
Une vendeuse	A saleswoman	Una vendedora
Un boulanger	A baker	Un panadero
Une boulangère	A baker (woman)	Una panadera
Un boucher	A butcher	Un carnicero
Une bouchère	A butcher (woman)	Una carnicera
Un infirmier	A nurse	Un enfermero
Une infirmière	A nurse (woman)	Una enfermera
Un caissier	A cashier	Un cajero
Une caissière	A cashier (woman)	Una cajera
Un coiffeur	A hairdresser	Un peluquero
Une coiffeuse	A hairdresser (woman)	Una peluquera
Un chanteur	A singer	Un cantante
Une chanteuse	A singer (woman)	Una cantante
Un serveur	A waiter	Un camarero
Une serveuse	A waitress	Una camarera
Un directeur	A director	Un director
Une directrice	A director (woman)	Una directriz
Un acteur	An actor	Un actor
Une actrice	An actress	Una actriz
Un docteur	A doctor	Un médico
Une docteure*	A doctor (woman)	Una médico
Un professeur	A professor	Un profesor
Une professeure*	A professor (woman)	Una profesora
Un pharmacien	A pharmacist	Un farmacéutico
Une pharmacienne	A pharmacist (woman)	Una farmacéutica
Un esthéticien	A beautician	Un esteticista
Une esthéticienne	A beautician (woman)	Una esteticista
Un chirurgien	A surgeon	Un cirujano
Une chirurgienne	A surgeon (woman)	Una cirujana
Un / Une photographe	A photographer	Un / una fotógrafo / a
Un / une archéologue	An archeologist	Un / una arqueólogo / a

*Réforme de l'orthographe 1990

CORRECTIONS

Activité 1
Dix – Quinze – Vingt – Vingt-cinq – Trente
Deux – Quatre- Six – Huit – Dix
Quarante – Cinquante – Soixante – Soixante-dix – Quatre-vingts
Un – Trois – Cinq – Sept – Neuf

Activité 2
10 + 7 = ? > dix plus sept égale dix-sept
5 + 15 = ? > cinq plus quinze égale vingt
20 + 8 = ? > vingt plus huit égale vingt-huit
32 + 10 = ? > trente-deux plus dix égale quarante-deux
51 + 9 = ? > cinquante-et-un plus neuf égale soixante

Activité 3
12 - 8 = ? > douze moins huit égale quatre
38 - 6 = ? > trente-huit moins six égale trente-deux
45 - 13 = ? > quarante-cinq moins treize égale trente-deux
57 - 24 = ? > cinquante-sept moins vingt-quatre égale trente-trois
86 - 12 = ? > quatre-vingt-six moins douze égale soixante-quatorze

Activité 4
3 x 1 = ? > trois fois un égale trois
6 x 3 = ? > six fois trois égale dix-huit
5 x 10 = ? > cinq fois dix égale cinquante
8 x 7 = ? > huit fois sept égale cinquante-six
6 x 8 = ? > six fois huit égale quarante-huit

Activité 5
8 / 4 = ? > huit divisé par quatre égale deux
6 / 2 = ? > six divisé par deux égale trois
15 / 3 = ? > quinze divisé par trois égale cinq
66 / 4 = ? > soixante-six divisé par quatre égale seize virgule cinq
88 / 2 = ? > quatre-vingt-huit divisé par deux égale quarante-quatre

Activité 6
17 + x = 34 > Si dix-sept plus X est égal à trente-quatre, X est égal à dix-sept
38 - x = 24 > Si trente-huit moins X est égal à vingt-quatre, X est égal à douze
5 x x = 45 > Si cinq multiplié par X est égal à quarante-cinq, X est égal à neuf
12 / x = 2 > Si douze divisé par X est égal à deux, X est égal à six

Activité 7
Intrus : Six – Vingt – Trente – Quatre-vingt-treize

Activité 10
Deux - Quatre – Sept – Neuf – Douze – Quinze – Vingt-deux – Trente-et-un – Quarante-six – Cinquante-trois – Soixante-neuf – Soixante-douze – Quatre-vingt-cinq – Quatre-vingt-dix-huit.
Phrase mystère : J'aime le français.

Activité 8

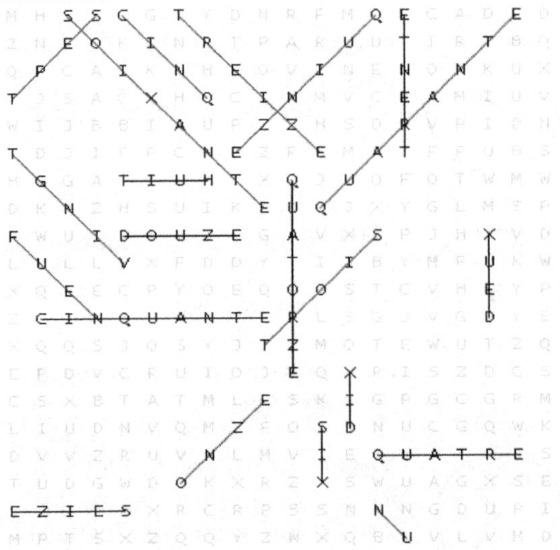

Activité 9

Activité 11

Il est treize heures quarante : 13h40
Il est vingt-deux heures trente-cinq : 22h35
Il est onze heures vingt-trois : 11h23
Il est midi et demi : 12h30
Il est trois heures moins le quart de l'après-midi : 14h45
Il est minuit et demi : 00h30
Il est six heures et quart du matin : 6h15
Il est neuf heures moins le quart du soir : 20h45
Il est cinq heures de l'après-midi : 17h
Il est huit heures moins vingt du matin : 7h40

Activité 12

	HEURE FORMELLE	HEURE INFORMELLE
6h45	Il est six heures quarante-cinq.	Il est six heures quarante-cinq du matin. / Il est sept heures moins le quart du matin.
7h40	Il est sept heures quarante.	Il est sept heures quarante du matin. / Il est huit heures moins vingt du matin.
8h45	Il est huit heures quarante-cinq.	Il est huit heures quarante-cinq du matin. / Il est neuf heures moins le quart du matin.
12h	Il est douze heures.	Il est midi.
13h30	Il est treize heures trente.	Il est une heure et demie de l'après-midi.
16h35	Il est seize heures trente-cinq.	Il est quatre heures trente-cinq de l'après-midi. / Il est cinq heures moins vingt-cinq de l'après-midi.
20h30	Il est vingt heures trente.	Il est huit heures et demie du soir.
24h	Il est vingt-quatre heures. (Note > c'est très bizarre de parler comme ça, sauf dans les domaines officiels comme la médecine ou l'armée).	Il est minuit.

Activité 13

Il est onze heures quarante.
Il est vingt-trois heures quarante.
Il est midi moins vingt.

Il est huit heures dix.
Il est vingt heures dix.
Il est huit heures dix du matin / du soir.

Il est cinq heures cinq.
Il est dix-sept heures cinq.
Il est cinq heures cinq du matin / de l'après-midi.

Il est six heures cinquante-cinq.
Il est dix-huit heures cinquante-cinq.
Il est sept heures moins cinq du matin / du soir.

Il est une heure quinze.
Il est treize quinze.
Il est une heure et quart du matin / de l'après-midi.

Il est deux heures trente.
Il est quatorze heures trente.
Il est deux heures et demie du matin / de l'après-midi.

Activité 14

Il est quatre heures du matin.
Il est midi et quart.
Il est vingt heures trente.
Il est sept heures moins le quart.
Il est minuit quarante.
Il est douze heure cinquante.

Activité 15

HEURE
MINUTE
QUART
DEMI
MOINS
FORMELLE
INFORMELLE
MATIN
APRÈS-MIDI
SOIR
MINUIT
MIDI
VINGT
TRENTE
QUINZE

Activité 16

1 – Le lundi 19 janvier
2 – Le mercredi 23 mars
3 – Le jeudi 12 avril
4 – Le vendredi 21 juin
5 – Le dimanche 18 septembre

Activité 17

VRILA : AVRIL
MRDECBEE : DÉCEMBRE
UNLID : LUNDI
JINU : JUIN
IDRAM : MARDI
RREVEIF : FÉVRIER
EMENBROV : NOVEMBRE
ESIADM : SAMEDI
TOOCBRE : OCTOBRE
AIM : MAI
UOAT : AOÛT
EESPREBMT : SEPTEMBRE
ERIRDECM : MERCREDI
AMSR : MARS
IEUJD : JEUDI
ILLUTJE : JUILLET
DRENDVIE : VENDREDI
HEDCAIMN : DIMANCHE
IERVANJ : JANVIER

Activité 18

LUNDI
MARDI
MERCREDI
JEUDI
VENDREDI
SAMEDI
DIMANCHE
JANVIER
FÉVRIER
MARS
AVRIL
MAI
JUIN
JUILLET
AOUT
SEPTEMBRE
OCTOBRE
NOVEMBRE
DÉCEMBRE

Activité 19

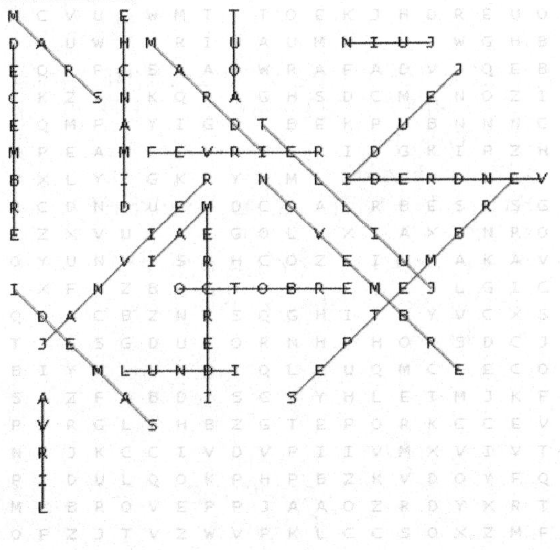

Activité 20

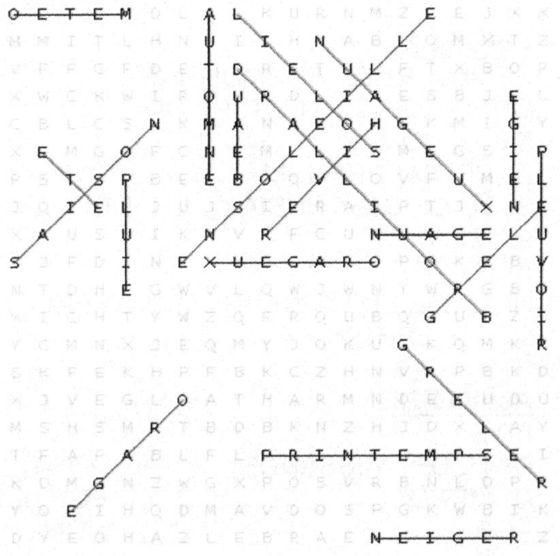

Activité 21

SAISON
PRINTEMPS
ÉTÉ
AUTOMNE
HIVER
MÉTÉO
SOLEIL
BEAU
ENSOLEILLÉ
NUAGE
NUAGEUX
PLUIE
ORAGE
ORAGEUX
BROUILLARD
NEIGE
GRÊLE
NEIGER
GELER
PLEUVOIR

Phrase mystère : J'apprends avec Elodie de Your online French teacher

Activité 23

PRINTEMPS
ÉTÉ
AUTOMNE
HIVER
SOLEIL
BEAU
ENSOLEILLÉ
NUAGE
NUAGEUX
PLUIE
ORAGE
ORAGEUX
BROUILLAR D
NEIGE
GRÊLE
NEIGER
GRÊLER
PLEUVOIR

Activité 22

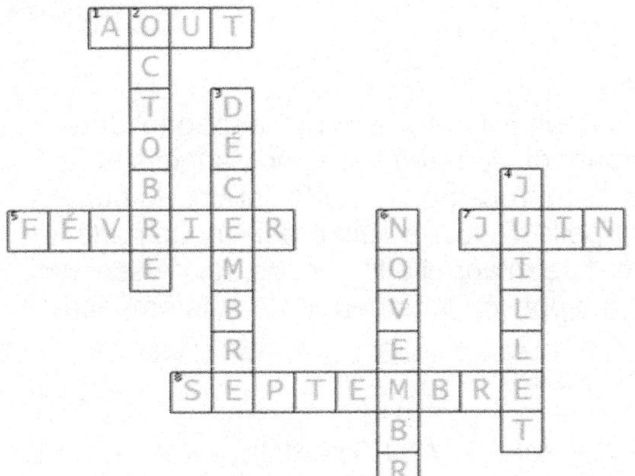

Activité 24

Il y a du soleil.
Il y a de la pluie.
Il y a un orage.
Il y a de la neige.
Il y a des nuages.
Il y a de la grêle.

Activité 25

NOM > VINCENT
PRENOM > ELODIE
DATE DE NAISSANCE > 28 décembre 1984
AGE > 37 ANS
TELEPHONE FIXE > xxxx
TELEPHONE PORTABLE > 06 68 09 33 59
EMAIL > info@youronlinefrenchteacher.com
SITE INTERNET > www.youronlinefrenchteacher.com
ADRESSE > 51 chemin des contamines
CODE POSTAL > 87480

Activité 26
A compléter avec vos informations.

Activité 27
FOMLUARRIE : FORMULAIRE
ONPINSICRIT : INSCRIPTION
MON : NOM
ENPROM : PRÉNOM
EATD DE SAECNNSIA : DATE DE NAISSANCE
AEG : ÂGE
NMRUOE ED LTENEPHOE : NUMÉRO DE TÉLÉPHONE
NELPEOEHT XIFE : TÉLÉPHONE FIXE
OENPHLEET OELPBRAT : TÉLÉPHONE PORTABLE
AMELI : EMAIL
STEI NTERNITE : SITE INTERNET
SEDSEAR : ADRESSE
DOEC AOSTPL : CODE POSTAL
REUSAXE SOUIACX : RÉSEAUX SOCIAUX

Activité 28
SITE
DATE DE NAISSANCE
NUMÉRO
ÂGE
FIXE
EMAIL
PORTABLE
FORMULAIRE
NOM
INSCRIPTION
TÉLÉPHONE
INTERNET
ADRESSE
PRÉNOM
CODE POSTAL

Activité 29

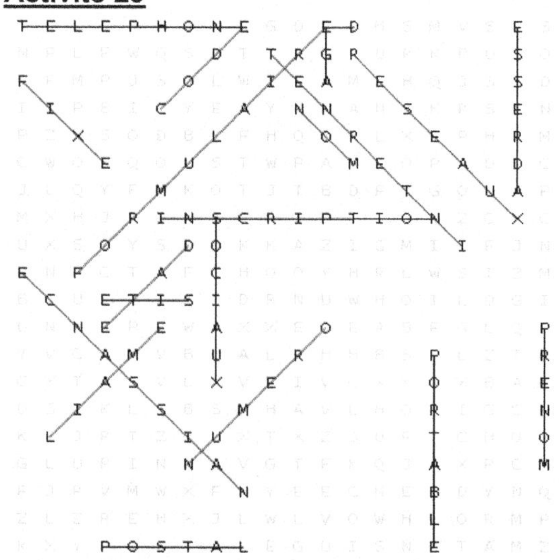

Activité 30
Bonjour !
Je m'appelle Elodie.
Je suis française.
J'ai 35 ans.
J'habite en France.
Je suis professeure de français.
A bientôt !

Activité 31
Bonjour ! Je m'appelle Elodie. Je suis française. Je parle français, anglais, espagnol et un peu catalan. / Salut ! Je m'appelle Luis. Je suis espagnol. Je parle espagnol, anglais et un peu français. / Bonsoir ! Je m'appelle Fatima. Je suis marocaine. Je parle l'arabe, le berbère, le français et un peu l'espagnol. / Coucou ! Je m'appelle Túlio. Je suis brésilien. Je parle le portugais, l'italien, l'anglais et le français. / Bonjour ! Je m'appelle Nadja. Je suis russe. Je parle le russe, le chinois et le français. / Salut ! Je m'appelle Christopher. Je suis américain. Je parle l'anglais, l'espagnol et le français.

Activité 32
FRANÇAISE – ANGLAISE – JAPONAISE – PORTUGAISE – AMÉRICAINE – MEXICAINE – MAROCAINE – ITALIENNE – TUNISIENNE – ALGÉRIENNE – BRÉSILIENNE - CORÉENNE – SUÉDOISE – HONGROISE – CHINOISE – FINNOISE - ESPAGNOLE – ALLEMANDE – RUSSE – SUISSE - BELGE - GRECQUE

Activité 33

- La France > Français
- Le Royaume-Uni > Anglais
- Le Japon > Japonais
- Les Etats-Unis > Américain
- Le Mexique > Mexicain
- Le Maroc > Marocain
- L'Afrique du Sud > Sud-africain
- L'Italie > Italien
- La Tunisie > Tunisien
- Le Brésil > Brésilien
- La Corée > Coréen
- La Suède > Suédois
- La Chine > Chinois
- La Finlande > Finnois
- L'Espagne > Espagnol
- L'Allemagne > Allemand
- La Russie > Russe
- La Belgique > Belge
- La Grèce > Grec

Activité 34

FRANÇAIS
ANGLAIS
JAPONAIS
PORTUGAIS
BERBERE
ITALIEN
ARABE
COREEN
SUEDOIS
HONGROIS
CHINOIS
FINNOIS
ESPAGNOL
ALLEMAND
RUSSE
FLAMAND
GREC

Activité 35

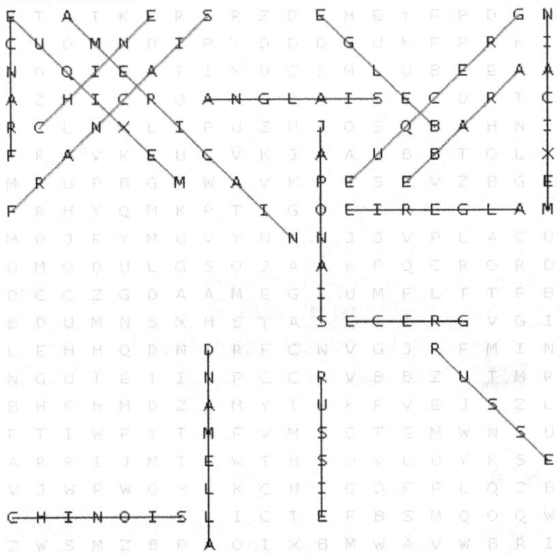

Activité 36

Bonjour, je m'appelle Elodie. Et vous ?
Bonjour, je suis Luis. Enchanté.
Vous êtes espagnol ?
Non, je suis mexicain. Et vous, quelle est votre nationalité ?
Je suis française. Alors, vous parlez espagnol ?
Oui, je parle espagnol, français et anglais. Et vous ?
Moi, je parle français, anglais, espagnol et un peu catalan.

Activité 37

Mary : Bonjour, je m'appelle Mary. Et toi ?
Paola : Salut, je suis Paola. Enchantée. Tu es américaine ?
Mary : Non, je suis anglaise. Et toi, quelle est ta nationalité ?
Paola : Je suis brésilienne. Tu parles anglais ?
Mary : Oui, je parle anglais et français. Et toi ?
Paola : Je parle portugais, français et anglais.

Activité 38

Bonjour ! Je m'appelle Elodie. Je suis française. Je parle français, anglais, espagnol et un peu catalan.

Activité 39

La tour Eiffel est en France.
La porte de Brandebourg est en Allemagne.
La Sagrada Familia est en Espagne.
Stonehenge est en Angleterre.
La tour de Pise est en Italie.
Le Parthénon est en Grèce.

Activité 40

Activité 41

	Le ski Skier – Faire du ski		Le tennis Jouer au tennis Faire du tennis
	Le basket Jouer au basket Faire du basket		La musculation Faire de la musculation
	L'équitation Faire de l'équitation		Le cyclisme Faire du vélo
	Le football Jouer au foot Faire du foot		L'athlétisme Faire de l'athlétisme
	La natation Nager – Faire de la natation		La voile Faire de la voile

Activité 42

Le tennis	Le football	Le basket
La natation	Le cyclisme	L'équitation

Activité 43

Mardi > Le mardi, je fais de l'équitation. / Le mardi, je monte à cheval.
Mercredi > Le mercredi, je boxe. / Le mercredi, je fais de la boxe.
Jeudi > Le jeudi, je nage. / Le jeudi, je fais de la natation.
Vendredi > Le vendredi, je joue au tennis. / Le vendredi, je fais du tennis.
Samedi > Le samedi, je fais du vélo. / Le samedi, je fais du cyclisme.
Dimanche > Le dimanche, je joue au foot. / Le dimanche, je fais du foot.

Activité 44

TENNIS FOOTBALL BASKET

NATATION
VOLLEY
EQUITATION
CYCLISME
GOLF
VELO
GANT

RAQUETTE
BOTTE
BALLON
BUT
MAILLOT
BALLE
TERRAIN

COURT
PANIER
CASQUE
CHAUSSURE
BONNET
BOXE
LUNETTES

Activité 45

TENNIS
EQUITATION
GOLF
NATATION
BOXE
CYCLISME

VOILE
COURSE
GANT
RAQUETTE
MAILLOT
TERRAIN

BOTTE
CASQUE
LUNETTES
PANIER

Activité 46

Salut ! Tu joues au foot samedi ?
Salut ! Non, le samedi je ne joue pas au foot, je joue au basket. Et toi ?
Je fais du foot tous les samedis et le dimanche je fais de l'équitation.
De l'équitation ? Je préfère la natation. C'est plus complet.
Tu as peur des chevaux ?
Non ! Je n'aime pas porter de bottes…
Oui, bien sûr…

Activité 47

Paul : Salut ! Tu joues au tennis demain ?
Julien : Salut ! Non, demain je ne joue pas au tennis, je fais du volley. Et toi ?
Paul : Je joue au foot et je fais de la voile.
Julien : De la voile ?
Paul : Oui, sur le lac.
Julien : C'est super, j'aime la voile.
Paul : Viens avec moi !

Activité 48

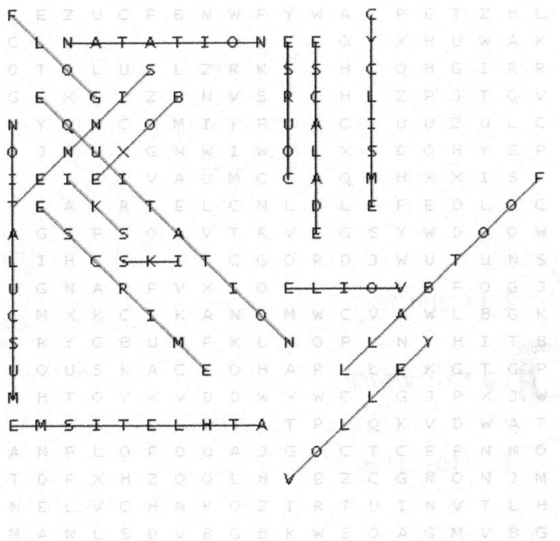

Activité 49

Activité 50
Salut !
Je m'appelle Valentine. J'aime le sport.
Tous les samedis, je fais du football dans une équipe féminine.
Le mardi et le jeudi, je fais de la danse.
J'aime aussi la natation et l'équitation.
Je déteste le basket et le golf.
A bientôt !

Activité 51
Un livre – La lecture
Une toile – La peinture
Un film – Le cinéma
Une guitare – La musique
Un appareil photo – La photographie
Une pièce – Le théâtre
Un pot de fleur – Le jardinage
Une visite – Le musée
Un micro – Le chant
Un tissu – La couture
Une série – La télévision
Un crayon – L'écriture
Une casserole – La cuisine

Activité 52

La peinture	L'écriture	Le jardinage
La couture	La lecture	Le théâtre

Activité 53
Intrus : Ecouter – Un film – Jardiner – Surfer

Activité 54
LA CUISINE
LE JARDINAGE
LA COUTURE
LA LECTURE
L'ECRITURE
LA PEINTURE
LA MUSIQUE
LA TELEVISION
LE CHANT
LE CINEMA
LE THEATRE
LE MUSEE

Activité 55
Ce weekend, je fais des activités culturelles et manuelles.
Samedi, je vais au cinéma.
Dimanche, je fais de la peinture.

Activité 56
LA CUISINE
LE JARDINAGE
LA COUTURE
LA LECTURE
L'ECRITURE
LA PEINTURE
LA MUSIQUE
LA TELEVISION
LE CHANT
LE CINEMA
LE THEATRE
LE MUSEE

Activité 57

Activité 58

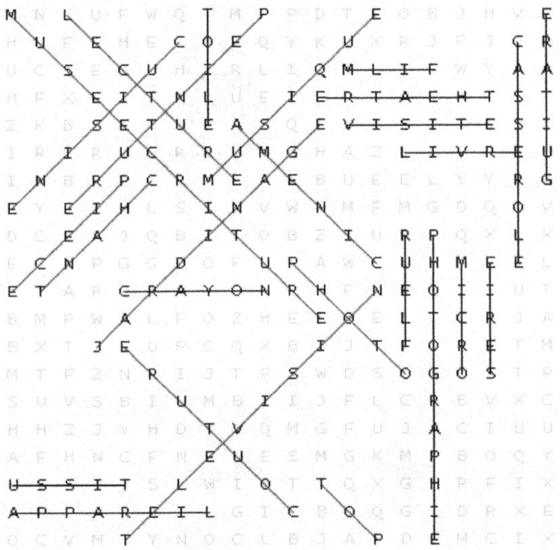

Activité 59

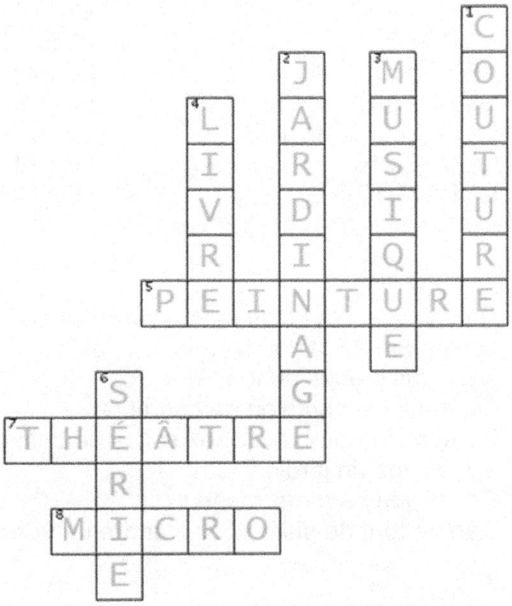

Activité 60

Salut Simon ! Ça va ?
Salut ! Oui, ça va et toi ?
Bien. Tu veux aller au cinéma ce soir ?
Je préfère le théâtre. Il y a une super pièce en français ce soir.
Comment elle s'appelle ?
« Le prénom ». Tu connais ?
Non. Mais on peut aller la voir !
Super ! Rendez-vous à 18h devant le théâtre. A tout à l'heure !
Ciao !

Activité 61

Le salon	Le bureau	La salle de bains
La cuisine	La chambre	L'entrée

Activité 62

Intrus : Un canapé – Un fauteuil – Un four – Une plaque de cuisson

Activité 63

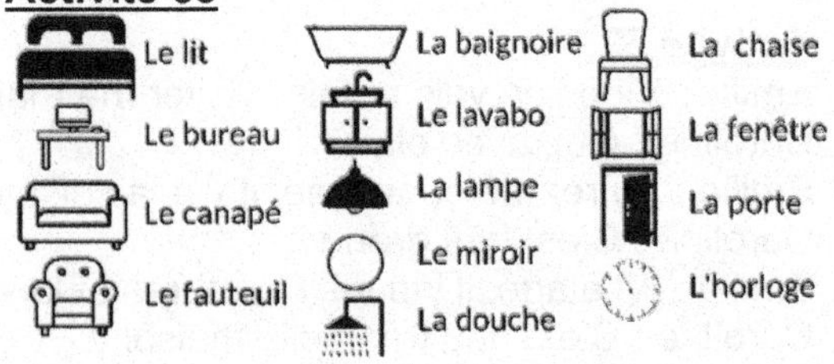

Activité 64

La cuisine	La salle de bains	La chambre	Le bureau	Le salon	Les toilettes
Le four La plaque de cuisson La table Les chaises Le four à micro-ondes	Les toilettes La douche Le lavabo La baignoire	Le lit La table de chevet	Le bureau La chaise de bureau	Le canapé Le fauteuil La table basse	Les toilettes Le lavabo

Activité 65

LA CUISINE
LE FOUR
LA TABLE
LA CHAISE
LA SALLE DE BAINS
LA DOUCHE
LA BAIGNOIRE

LE LAVABO
LES TOILETTES
LE MIROIR
LE SALON
LE CANAPE
LE FAUTEUIL
LE BUREAU

LA FENETRE
LA PORTE
LA LAMPE
LA CHAMBRE
LA TABLE DE CHEVET

Activité 66

Salut ! Ça y est ! Nous avons une nouvelle maison !
Oh super ! Il y a combien de pièces ?
Il y a huit pièces au total !
Ouah ! Il y a combien de chambres ?
Il y a trois chambres, deux salles de bains, une cuisine, un salon et un bureau.
Vous avez un jardin ?
Oui et une super terrasse !
J'arrive tout de suite pour prendre un verre !

Activité 67

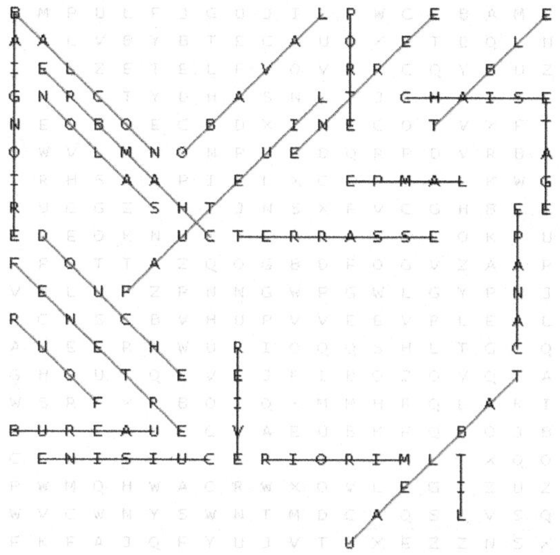

Activité 68

Activité 69

Emilie : Viens, je vais te faire visiter ma maison.
Caroline : Oui, avec plaisir !
Emilie : Au rez-de-chaussée, il y a la cuisine et le salon.
Caroline : C'est très grand !
Emilie : A l'étage, il y a les chambres et la salle de bains.
Caroline : C'est une très belle maison !

Activité 70

Dans ma maison, il y a huit pièces.
Au rez-de-chaussée, il y a la cuisine avec un four, un évier, une table et des chaises. Il y a le salon avec un grand canapé, une table basse et deux fauteuils. Il y a aussi des toilettes.
Au premier étage, il y a trois chambres et deux salles de bains.
Au deuxième étage, il y a un bureau avec une plante verte, un bureau et une chaise de bureau.

Activité 71

Intrus : La pharmacie – L'épicerie – La confiserie – Le primeur

Activité 72

ALIMENTATION	SERVICE	SANTÉ
La boulangerie L'épicerie La boucherie La confiserie Le primeur	La poste La librairie Le fleuriste Le garage Le cinéma Le magasin de vêtements	La pharmacie Le dentiste L'hôpital

Activité 73

LA MAIRIE
LA RUE
LA VILLE
LE PARC
LA FONTAINE
LE PARKING
LE MAGASIN
LA LIBRAIRIE
L'IMMEUBLE
LA POSTE
LA BOULANGERIE
LA PHARMACIE
LA LIBRAIRIE
LA BOUCHERIE
L'EPICERIE
LE FLEURISTE
L'HOPITAL
LE GARAGE
LA CONFISERIE
LE CINEMA
LE RESTAURANT
LE BAR

Activité 74

Julie : Nous devons faire des courses. Tu as la liste ?
Matthieu : Oui, j'ai la liste.
Julie : Dans quels magasins du centre-ville nous devons aller ?
Matthieu : Je dois aller à la poste et à la pharmacie. Et toi ?
Julie : Je veux aller à la confiserie et chez le fleuriste.
Matthieu : Pourquoi tu veux aller chez le fleuriste ?
Julie : Parce que c'est l'anniversaire de ta mère !
Matthieu : Oh ! Oui ! C'est vrai !

Activité 75

La libraire	J'achète des livres.
La boulangerie	On fabrique du pain.
Le primeur	Je trouve des fruits et des légum
Le café	Je retrouve mes amis.
Le fleuriste	On vend des fleurs.
La pharmacie	Il y a des médicaments.
La poste	On envoie une lettre.

Activité 76

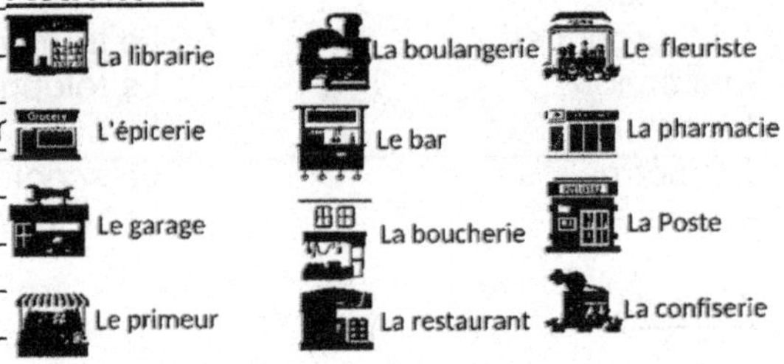

Activité 77

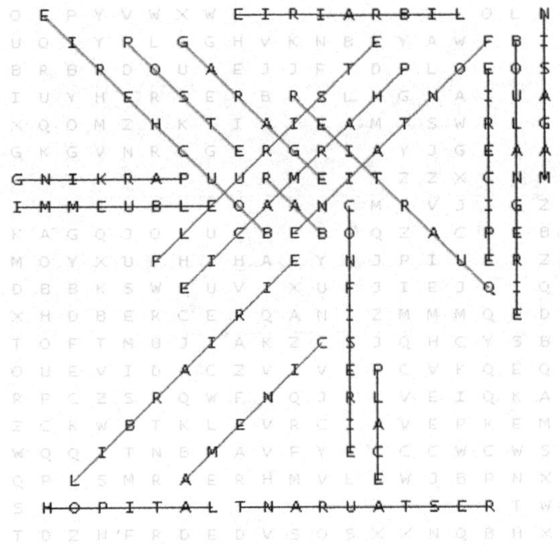

Activité 78

Activité 79

Emilie : On va faire des courses ?
Caroline : Oui. Où tu veux aller ?
Emilie : Je dois acheter du pain à la boulangerie. Et toi ?
Caroline : J'ai besoin de fruits et de légumes.
Emilie : On va chez le primeur ?
Caroline : Oui, le primeur de la rue du Printemps est très bien.

Activité 80

J'aime faire les courses au marché.
J'adore voir les étals des marchands, les fruits et les légumes.
Aller au marché, c'est un peu les vacances. C'est une activité agréable. Tu prends ton temps et tu achètes des produits frais et de saison.

Activité 81

Le vélo – La voiture – Le train – Le VTT

Activité 82

TRANSPORT INDIVIDUEL	TRANSPORT EN COMMUN
Le vélo La voiture Le VTT La trottinette électrique Les rollers Le scooter La moto	Le bus Le tramway Le métro Le téléphérique Le car

Activité 83

La voiture
La fourgonnette
Le camion
La navette
Le métro
Le bus
Le train
Le tramway
Le téléphérique
La moto
Le scooter
Le vélo
La trottinette électrique
Le skateboard
Les rollers
L'avion
L'hélicoptère

Activité 84

A	B	C	D	E	F	G	H	I	J	K	L	M	N	O	P	Q	R	S	T	U	V	W	X	Y	Z
20	16	9	14	21	23	1	10	12	6	3	8	18	2	4	11	22	13	15	17	26	24	5	19	7	25

POUR ALLER AU TRAVAIL, JE
PRENDS LE BUS OU LA VOITURE.
JE PRÉFÈRE LA VOITURE MAIS LE
BUS EST PLUS ÉCONOMIQUE.
LE WEEKEND, JE FAIS DU VÉLO.
JE N'AIME PAS L'AVION.

Activité 85

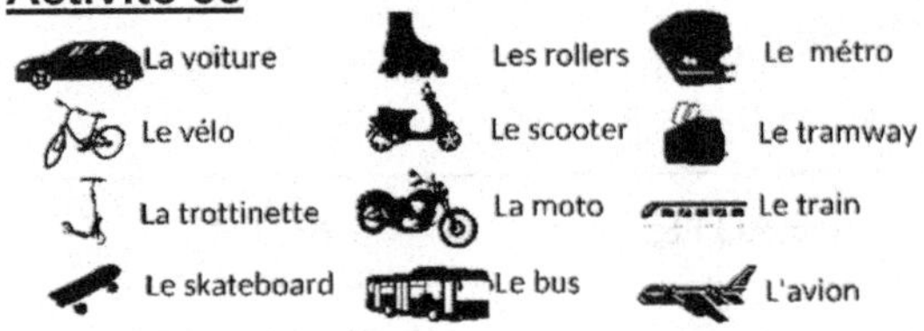

Activité 86

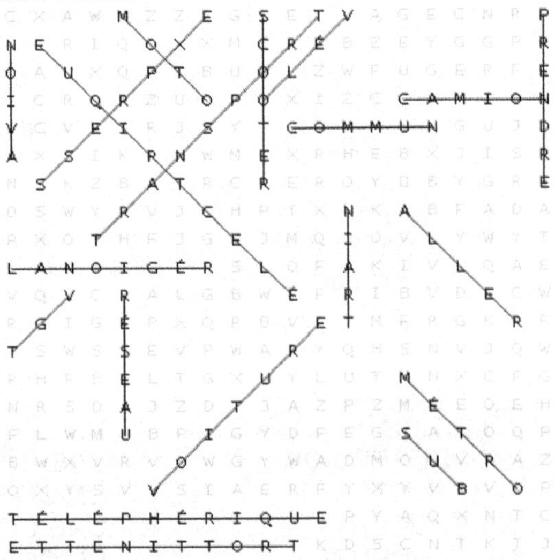

Activité 87

Matthieu : Comment tu vas au travail ?
Julie : Je prends la voiture ou le bus.
Matthieu : Et qu'est-ce que tu préfères ?
Julie : Je préfère la voiture, je suis plus tranquille mais le bus est plus écologique et économique.
Matthieu : C'est vrai ! Il faut utiliser les transports en commun.
Julie : Oui, tu as raison.

Activité 88

La voiture >	Transport individuel à quatre roues motorisé
Le vélo >	Transport individuel à deux roues
L'avion >	Transport qui vole
Le camion >	Gros véhicule pour transporter des marchandises
Le bus >	Transport en commun de ville
Le train >	Transport en commun sur rails entre les régions et les pays
Le skateboard >	Transport individuel à quatre roues non motorisé

Activité 89

Tous les jours, je vais au travail en bus ou en métro. Je prends les transports en commun parce que c'est plus économique et écologique.
J'aime faire du vélo pour aller au bureau mais c'est difficile parce qu'il y a beaucoup de voitures sur la route.
Le weekend, je fais du roller ou du skate dans le parc.

Activité 90

Activité 91
Le boulanger – La coiffeuse – Le vendeur – La coiffeuse

Activité 92

DOMAINE MÉDICAL	ALIMENTATION	BEAUTÉ	AUTRE
Le pharmacien L'infirmier Le dentiste Le docteur	Le boulanger *Le serveur** *Le caissier**	Le coiffeur	Le photographe *Le serveur** *Le caissier**

*Le serveur** et *Le caissier** peuvent aller dans la colonne ALIMENTATION ou AUTRE.

Activité 93
UN MÉTIER
UNE PROFESSION
UN BOULOT
UN VENDEUR
UNE VENDEUSE
UN BOULANGER
UNE BOULANGÈRE
UN BOUCHER
UNE BOUCHÈRE
UN INFIRMIER
UNE INFIRMIÉRE
UN CAISSIER
UNE CAISSIÈRE
UN COIFFEUR
UNE COIFFEUSE
UN CHANTEUR
UNE CHANTEUSE
UN SERVEUR
UNE SERVEUSE
UN DIRECTEUR
UNE DIRECTRICE
UN ACTEUR
UNE ACTRICE
UN DOCTEUR
UN PROFESSEUR
UNE PHARMACIENNE
UNE ESTHÉTICIENNE
UNE CHIRURGIENNE
UN / UNE
PHOTOGRAPHE
UN / UNE
ARCHÉOLOGUE

Activité 94
Le boulanger > Personne qui fait du pain
Le boucher > Personne qui coupe la viande
Le docteur > Personne qui sauve des vies
Le professeur > Personne qui donne des classes
Le directeur > Personne qui dirige
Le photographe > Personne qui prend des photos
Le coiffeur > Personne qui coupe les cheveux

Activité 95
Vendeuse – Boulangère – Bouchère – Infirmière – Caissière – Coiffeuse – Chanteuse – Serveuse – Directrice – Actrice – Docteure – Professeure – Chirurgienne – Photographe – Archéologue. Phrase mystère : Elodie est professeure de français.

Activité 96

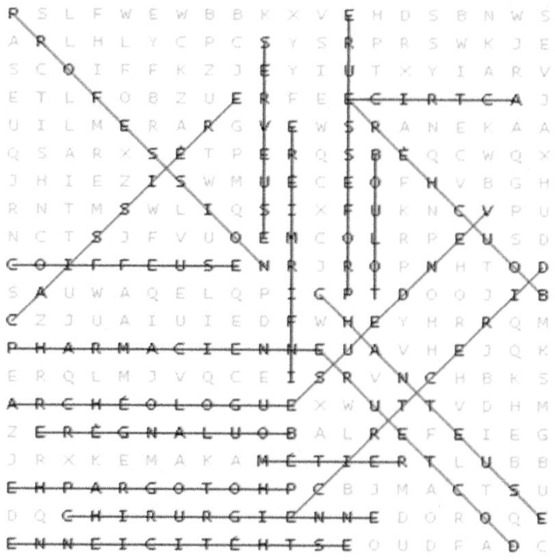

Activité 97
Matthieu : Quel est ton métier ?
Julie : Je suis dentiste. Et toi ? Quelle est ta profession ?
Matthieu : Je suis coiffeur.
Julie : Tu aimes ton boulot ?
Matthieu : Oui, j'aime parler avec les gens.
Julie : Super !

Activité 98
Elodie est professeure de français. Elle aime son métier. Elle donne des classes de français à des adultes et à des enfants, sur Internet et elle propose des séjours immersifs en Limousin.

Activité 99
Emilie : Quel sera ton métier plus tard ?
Caroline : Je veux être chirurgienne !
Emilie : Très bonne idée !
Caroline : Et toi ?
Emilie : Je veux être dentiste ou infirmière. Je ne sais pas encore.
Caroline : Tu as le temps de décider.

Activité 100

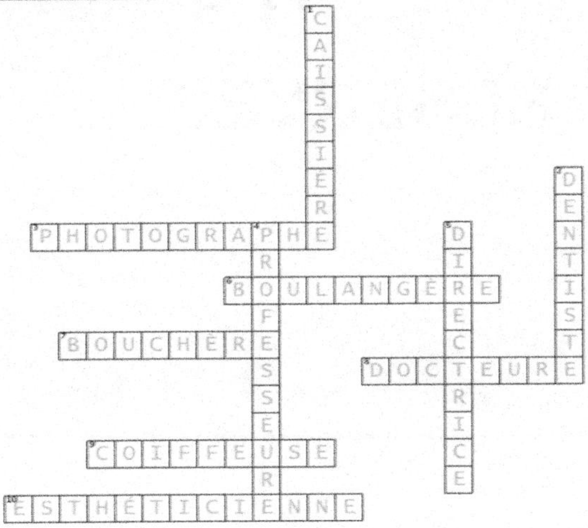

Cahier d'activités écrit par
Elodie VINCENT
de
WWW.YOURONLINEFRENCHTEACHER.COM

info@youronlinefrenchteacher.com

Made in the USA
Columbia, SC
16 August 2024

40449005R00063